T0118686

VERS UNE LINGUISTIQUE INACHEVÉE

NUMÉROS SPÉCIAUX

Déjà parus dans la collection :

NUMÉROS SPÉCIAUX
— 31 —

Christos CLAIRIS

VERS UNE LINGUISTIQUE INACHEVÉE

SELAF N° 419

PEETERS
PARIS - LEUVEN - DUDLEY, MA
2005

A CIP record for this book is available from the Library of Congress.

ISSN: 0249-7069
ISBN: 2-87723-902-0 (Peeters France)
ISBN: 90-429-1701-6 (Peeters Leuven)
D/2005/0602/131

© PEETERS PRESS Louvain-Paris
Copyright scientifique SELAF-Paris

Dépôt légal: Octobre 2005

RÉSUMÉS

Christos CLAIRIS – *Vers une linguistique inachevée*.
2005, Paris, Peeters-SELAF (NS 31)

Après avoir postulé en "Introduction" les principes d'une linguistique qui se veut résolument moderne, l'auteur pose l'inachèvement comme horizon symbolique d'une discipline qui, respectueuse des faits de langue liés inexorablement à des faits de sociétés humaines, est consciente de ses limites.

Dans le chapitre "Structures et libertés linguistiques", on étudie les mécanismes du changement linguistique en distinguant différents types de variations. On fait un certain nombre de propositions théoriques qui contribuent à la prise en compte de la dynamique linguistique et l'on montre la force prédictive des recherches suivant cette voie. On présente notamment la théorie de la *fluctuation des phonèmes* et une *tropologie* qui en découle.

Dans le chapitre "Au seuil de la syntaxe: les classes", on se charge de la problématique de l'identification des "parties du discours" ou classes syntaxiques d'une langue donnée, en la replaçant dans une histoire qui remonte à Platon et Aristote. À la lumière d'une expérience d'une trentaine d'années dans la description des langues les plus diverses, l'auteur présente ses prises de positions théoriques et des outils méthodologiques développés dans le cadre de la linguistique fonctionnelle. Il examine également les problèmes liés à l'opposition verbo-nominale et à l'identification d'une classe verbale.

Dans le chapitre "Au cœur de la syntaxe: fonctions et noyau central", on précise la définition et les contours d'une syntaxe fonctionnelle qui se veut essentiellement relationnelle. L'accent est mis sur la *détermination*, en tant qu'opération fondamentale de la syntaxe, d'où découle une *hiérarchie* entre les unités significatives organisées autour d'un noyau central, prédicat. Dans ce cadre, la *fonction* est définie comme une unité linguistique à part entière, ayant un signifié et un signifiant et destinée à indiquer la relation particulière que peuvent entretenir deux unités significatives. On établit toutefois une distinction entre la nature du signifié des fonctions et la nature du signifié des unités significatives. Les fonctions sont étudiées dans leur rapport au noyau central, selon leur appartenance à la *zone centrale* ou à la *zone périphérique* autour de ce noyau. On établit également, dans ce chapitre, une fine et originale distinction entre une *syntaxe nucléaire* et une *syntaxe connective*.

Le dernier chapitre est consacré au phénomène de disparition des langues. On y prête une attention particulière à l'articulation des facteurs externes et internes engagés dans ce processus, et l'on propose une typologie des différents cas de figure.

Christos CLAIRIS – *Towards open-ended linguistics*.
2005, Paris, Peeters-SELAF (NS 31)

After postulating in his "Introduction" the principles of a deliberately modern linguistic science, the author states that incompleteness is the symbolic horizon of a field which regards language events – the *faits de langues* – as inexorably linked to the doings of human societies, and which knows its own limitations.

The mechanisms of linguistic change are studied in the chapter "Structures and Linguistic Liberties". A distinction is made between several types of variation. A number of theoretical propositions are made, that contribute to the taking into account of linguistic dynamism, and the predictive power of that type of research is highlighted. In particular, there is a presentation of the *Phoneme Fluctuation theory*, and the ensuing *tropology*.

In chapter "Classes: on the Threshold of Syntax", the problem of the identification of the "parts of speech", i.e. the syntactic classes of a given language, is dealt with and put into a historical perspective that brings us back to Plato and Aristotle. In the light of his thirty-year experience in the description of various languages, the author presents his theoretical position as well as some methodological tools developed in the framework of functional linguistics. He also examines the problems linked to verb-noun opposition and the identification of a verbal class.

The definition and the outline of a functional syntax that presents itself as essentially relational are given in chapter "In the Heart of Syntax: Functions and Central Nucleus". The focus is on *determination*, as a fundamental syntactic operation, from which stems a *hierarchy* between significant units organized around a central nucleus, the predicate. In this framework, *function* is defined as a full-fledged linguistic unit with a signified (*signifié*) and a signifier (*signifiant*), destined to indicate the particular relationship that two significant units may have. A distinction is nevertheless established between the nature of the signified of the functions and the nature of the signified of significant units.

The functions are studied in their relation to the central nucleus, according to their belonging to the central zone or the peripheral zone of this nucleus. A subtle and original distinction is also established in this chapter between *nuclear syntax* and *connective syntax*.

The last chapter is dedicated to the phenomenon of language disappearance. A particular attention is paid to the articulation of the external and internal factors engaged in this process, and a typology of the different cases is proposed.

Christos CLAIRIS — *Unterwegs zu einer unvollendeten Sprachwissenschaft.*
2005, Paris, Peeters-SELAF (NS 31).

In der "Einleitung", werden die Grundsätze einer entschlossenen modernen Sprachwissenschaft festgelegt. Betont wird die Unabschliessbarkeit eines Fachgebiets, das immer auf Sprachtatsachen verwiesen bleibt, die ihrerseits eng mit menschlich- gesellschaftlichen Umständen zusammenhängen. Darum darf diese Wissenschaft ihre Grundbegrenztheit nie aus den Augen verlieren.

Im Kapitel "Struktur und Freiheit innerhalb der Sprachen" werden die verschiedenen Weisen des Sprachwandels erforscht, um unterschiedliche Typen von Veränderungen an den Tag zu bringen. Zahlreiche theoretische Festellungen werden gewonnen, die zur positiven Berücksichtigung einer sprachlichen Dynamik beitragen; die Fruchtbarkeit dieser Forschungsrichtung wird durch seine besondere prediktive Tauglichkeit aufgezeigt. Vor allem zu erwähnen ist hier die Theorie der *Phonemenschwankung*, und die sich daraus ergebende *Tropologie*.

Im Kapitel "An der Schwelle der Syntax: die Klassen", wird die Problematik der wissenschaftlichen Identifizierung der "Teilen der Rede" aufgenommen. Teile der Rede soll man hier als syntaxische Klassen einer bestimmten Sprache verstehen. Das führt zu einem historischen Rückblick bis zu Plato und Aristoteles zurück. Gestützt auf eine langjährige Erfahrung mit der wissenschaftlichen Beschreibung der verschiedensten Sprachen der Welt, legt der Autor seine theoretischen Stellungnahmen und sein im Rahmen der funktionellen Linguistik entwickeltes Werkzeug vor. Er untersucht daher auch die Problematik des Gegensatzes zwischen Verba und Nomina, und diejenige der Identifizierung einer verbalen Klasse.

Im Kapitel "Mitten in der Syntax: Funktion und Stammkern", wird eine funktionnelle Syntax definiert, und wesentlich als Beziehungsfunktional bestimmt. Betont wird die *Determinierung*, als grundsätzliches Verfahren einer Syntax. Daraus ergibt sich die *Rangordnung* der Bedeutungseinheiten, die sich um einen Stammkern, den Prädikat, herum organisieren. In diesem Rahmen kann sich die *Funktion* als linguistische Einheit im vollen Sinne des Wortes abgrenzen lassen: sie besteht aus Signifikant und Signifikat, und dient zur Anzeigung der besonderen Beziehung, welche zwischen zwei Bedeutungseinheiten stattfindet. Dennoch wird ein Unterschied festgelegt: die Eigenart des Signifikats der Funktionen darf nicht mit der Eigenart des Signifikats der Bedeutungseinheiten verwechselt werden. Die Funktionen werden in ihrem Verhältnis zum Stammkern erforscht, je nachdem sie mehr oder weniger nahe dem Stammkern stehen, d. h. nach ihrer Zugehörigkeit zu einem zentralen oder zu einem peripheren Umkreis um einen Stammkern. In diesem Kapitel wird also eine genuine und feine Unterscheidung vorgenommen zwischen einer *nuklearen* und einer *konnektiven Syntax*.

Letztes Kapitel wird dem Vorgang des Schwindens der Sprachen gewidmet. Darin wird besondere Aufmerksamkeit der Zusammenarbeit von inneren und äussereren Momenten geschenkt. Daraus ergibt sich eine Typologie der verschiedenen Arten des Vergehens.

Chritos CLAIRIS – *Hacia una lingüística inacabable*.
2005, Paris, Peeters-SELAF (NS 31)

Después de postular en la "Introducción" los principios de una lingüística deliberadamente moderna, el autor plantea lo inacabable como horizonte simbólico de una ciencia que, por ser respetuosa con los hechos lingüísticos ligados inexorablemente a las sociedades humanas, tiene conciencia de sus límites.

En el capítulo "Estructura y libertad lingüística" se estudian los mecanismos de cambio lingüístico distinguiendo diferentes tipos de variaciones. Se hacen algunas propuestas teóricas que contribuyen a tomar en cuenta la dinámica lingüística y se muestra la fuerza predictiva de las investigaciones que se realizan siguiendo este camino. Se presenta especialmente la teoría de la *fluctuación de fonemas* y la *tropología* que de ella se deriva.

En el capítulo "En el umbral de la sintaxis: las clases" se aborda la problemática de la identificación de las "partes del discurso" o clases sintácticas de una lengua dada, situándola en una perspectiva histórica que remonta a Platón y Aristóteles. A la luz de la experiencia de más de treinta años consagrados a la descripción de lenguas muy diversas, el autor presenta su posicionamiento teórico y sus herramientas metodológicas desarrolladas en el marco de la lingüística funcional. Igualmente se estudian los problemas ligados a la oposición verbo-nominal y a la identificación de una clase verbal.

En el capítulo "En el corazón de la sintaxis: función y núcleo central" se precisa la definición y el contorno de una sintaxis funcional que se plantea sustancialmente como relacional. Se destaca la *determinación* como la operación fundamental de la sintaxis, de la cual se desprende una *jerarquía* entre las unidades significativas organizadas en torno a un núcleo central, el predicado. Dentro de ese marco teórico, la *función* se define como una unidad verdadera lingüística, que dispone de un significado y de un significante y es la encargada de indicar la relación particular que pueden mantener entre sí dos unidades significativas. Sin embargo, se establece una distinción importante entre la naturaleza del significado de las funciones y la naturaleza del significado de las unidades significativas.

Las funciones se estudian en la relación que mantienen con el núcleo central y según su pertenencia a la *zona central* o a la *zona periférica* con referencia a dicho núcleo. En este capítulo se pone de relieve, además, una fina y original distinción entre una *sintaxis nuclear* y una *sintaxis conectiva*.

El último capítulo se dedica al fenómeno de la desaparición de las lenguas. En él se presta una atención particular a la articulación de los factores externos e internos que participan en este proceso y se propone una tipología relativa a los diversos casos.

Christos CLAIRIS - *Para uma lingüística inacabada*.
2005, Paris, Peeters-SELAF (NS 31)

Havendo postulado na Introdução os princípios de uma linguística que se pretende decididamente moderna, coloca o autor a incompletude como horizonte simbólico de uma disciplina que, respeitando os factos linguísticos inexoravelmente ligados a factos das sociedades humanas, tem consciência dos seus limites.

No capítulo "Estruturas e liberdades linguísticas estudam-se os mecanismos da mudança linguística distinguindo diferentes tipos de variações. Apresentam-se propostas teóricas que contribuem para se levar em conta a dinâmica linguística, mostra-se a força de previsão das investigações realizadas nesta linha e dá-se lugar à teoria da *flutuação dos fonemas* e a uma *tropologia* dela decorrente.

No capítulo "No limiar da sintaxe: as classes" trata-se a problemática da identificação das "partes do discurso" ou "classes sintácticas" de uma língua, aqui recolocada numa história que remonta a Platão e Aristóteles. À luz da experiência adquirida em trinta anos de descrição das mais variadas línguas, apresenta o autor os seus pontos de vista teóricos e os instrumentos metodológicos criados no âmbito da linguística funcional e examina ainda os problemas ligados à oposição verbo-nominal e à identificação de uma classe verbal.

No capítulo "No coração da sintaxe: funções e núcleo sintáctico" precisam-se a definição e os contornos de uma sintaxe funcional essencialmente relacional. Insiste-se na *determinação* como operação fundamental da sintaxe, e daí decorre a *hierarquização* das unidades significativas organizadas em torno do núcleo, que é o predicado. Neste âmbito, de define-se a *função* como unidade linguística de pleno direito, com significado e significante, destinada a indicar a relação especial que podem assumir duas unidades significativas. As funções são estudadas na relação que estabelecem com o núcleo central, consoante pertencem à *zona central* ou à *zona periférica* deste. Também se estabelece aqui uma fina e original distinção entre *sintaxe nuclear* e *sintaxe conectiva*.

No último capítulo, consagrado ao fenómeno do desaparecimento das línguas, presta-se especial atenção à articulação dos factores externos e internos envolvidos nos processos de desaparecimento e propõe-se a tipologia dos diversos casos encontrados.

MOTS-CLEFS

changement linguistique - connecteurs -
dynamique linguistique -
fluctuation des phonèmes - fonction - fonctionnalisme -
morphologie - mort des langues -
phonologie - prédication -
sens - sujet - syntaxe - syntaxe connective - syntaxe nucléaire -
tropologie - typologie -
variations

LANGUES CITÉES

allemand de la Volga
anglais
arabela
arménien
arvanitika (albanais)
basque
breton
cacaopera
catalan
chama
créoles
franco-provençal
fidjien
français
franco-canadien
gaëlique
gascon
grec
haush ou manekenk
hittite
hongrois
indo-européen
italien
judéo-espagnol
latin
lenca
letton
livonien
mapuche ou araucan
norvégien
pilagá
qawasqar
quechua
roumain
tehuelche
turc
tzigane
yahgan

SOMMAIRE

INTRODUCTION

Vers une linguistique inachevée

Si la linguistique veut être une étude scientifique du langage humain, elle ne peut se fixer pour but ultime quelque achèvement que ce soit. Cela signifie que la linguistique non seulement reste inachevée mais qu'elle doit se concevoir dès le départ comme inachevée. Telle est, selon nous, la condition d'une ouverture permanente à son objet, qui est l'expression la plus radicale de la liberté des êtres humains en société.

Si l'on se pose pour tâche l'étude scientifique d'une langue, avec tout ce que le terme de science implique, notre activité de connaissance ne peut être présentée que comme nécessairement incomplète, toute langue étant inépuisable alors même que certains de ses aspects sont pleinement accessibles à notre compréhension. Il n'y a là ni malédiction ni fatalité, mais simple reconnaissance du fait que nous sommes face à une libre activité des hommes (à un processus créateur, en perpétuel mouvement), irréductible à quelque type de formulation fixe que ce soit, fût-il scientifique.

L'inachèvement de la linguistique se manifeste aussi par le fait que les "mots" d'une langue sont des monuments historiques dans lesquels se trouvent accumulés le savoir et l'expérience millénaires des peuples qui ont parlé et qui parlent ces langues. La potentialité du sens que les "mots" peuvent faire jaillir, dans des contextes et situations variables, est complètement incommensurable et scientifiquement irréductible, dépendant entre autres choses de la profondeur de la connaissance et de la sensibilité créative des interlocuteurs, largement mise en valeur par la poésie et la philosophie, dans toutes leurs expressions.

Penser qu'il puisse exister une linguistique achevée qui ne laisserait échapper aucun aspect de la langue est non seulement une utopie, mais une utopie qui peut donner lieu à de dangereuses dérives.

Soyons plus explicites. Pourquoi postulons-nous aujourd'hui l'inachèvement comme condition fondamentale et même fondatrice en particulier de la linguistique ? Car, bien entendu, l'inachèvement peut être postulé pour toute autre activité qui se veut ou qui est scientifique, dans la mesure où la connaissance est sans limites.

Une des caractéristiques, généralement admise, de la connaissance scientifique est l'*objectivité*. À partir du moment où l'on a pu trouver que la terre tourne autour du soleil, cette connaissance devient un acquis objectif qui s'impose à tout le monde, indépendamment des points de vue que chacun peut avoir sur la question. La qualité d'objectivité donne un prestige incontestable à la connaissance scientifique, qui à son tour se transforme en pouvoir social.

La réflexion sur le langage remonte à des périodes très anciennes. En ce qui concerne la tradition occidentale, on sait que Platon déjà distinguait dans le *Sophiste* pour la première fois entre *noms* et *verbes* et que dans le *Cratyle* il ouvrait le débat sur l'arbitraire du signe. Cette réflexion sur le langage a donné naissance durant les siècles à des disciplines telles que la rhétorique (antiquité), la grammaire (IIe siècle av. J.C.), la philologie (XVe siècle), la linguistique. Le terme même de linguistique comme désignation d'une discipline fait son apparition au début du XIXe siècle. Cependant, la ligne de démarcation de la **linguistique moderne** passe par un événement déterminant : la lecture du "manifeste phonologique" par le prince Nicolas Troubetzkoy au premier Congrès International de Linguistique qui s'est tenu en 1928 à La Haye. Ce que prônait le "manifeste" c'est **l'intégration des sons à la langue.** En effet depuis qu'à Alexandrie, au deuxième siècle avant J.C., a été conçue la première GRAMMA-ire et non la première PHONÉ-tique de la tradition occidentale, la *Τέχνη Γραμματική (Ars Grammatica)* de Denys le Thrace, la réflexion sur le langage est orientée sur les formes écrites. Pendant plus de vingt siècles, les études linguistiques ont généralement marginalisé la dimension vocale du langage et ont mis l'accent sur l'analyse des textes écrits. Étant donné que **le son et le sens**, unis dans le signe linguistique, constituent la matière première de toute langue, la reconnaissance, au niveau de la forme (signifiant), de la primauté du son par rapport à la graphie marque le tournant d'une véritable révolution scientifique dans le domaine linguistique.

L'origine de cette révolution remonte à Ferdinand de Saussure, au linguiste polonais Baudouin de Courtenay, qui faisait partie des sources d'inspiration de Saussure et à d'autres linguistes russes, lesquels, fuyant la Révolution d'Octobre de 1917, fondèrent l'"École linguistique de Prague" à laquelle nous devons justement la prise en compte des sons dans l'étude de la langue. La linguistique de l'Ecole de Prague, qui se qualifie comme une linguistique structurale et fonctionnelle, a eu un impact décisif en Europe et son influence a été ressentie au-delà de l'Atlantique. Parallèlement, d'autres tendances théoriques ont vu le jour, notamment le structuralisme américain, la linguistique générative et transformationnelle, qui ont joué un rôle dominant aux États-Unis et ailleurs.

Le grand succès social de la linguistique dans les années soixante suscita une grande attirance pour cette discipline. Les salles se remplirent de personnes n'ayant pas toutes la vocation de se consacrer à l'étude scientifique des langues. Différents spécialistes d'autres disciplines se qualifièrent du titre de "linguiste" sans avoir nécessairement reçu une formation particulière; les noms des différents enseignements et de programmes d'études s'adaptèrent pour ressembler à ceux de la linguistique. Cette mode de la linguistique, liée à l'augmentation importante de ceux *qui stricto et lato sensu* s'intéressèrent à elle, eut pour conséquence la consolidation de la linguistique dans les universités et les centres de recherche. Actuellement, dans certains pays, la linguistique est en train d'obtenir sa reconnaissance, même dans le domaine de l'éducation secondaire. Dans le même temps, ont proliféré des branches de la linguistique, qu'il s'agisse des "o-linguistiques"[1] (psycho-, socio-, ethno-, etc.), de la pragmatique, de l'analyse du discours, de la linguistique textuelle et d'autres plus récentes comme les approches cognitivistes, actuellement en vogue. Indépendamment de l'effet de mode, ces tendances ont apporté tout naturellement un enrichissement certain des études de linguistique.

Dans ce livre, nous essayons, au niveau de nos forces, d'assumer un héritage: celui de la linguistique structurale et fonctionnelle européenne, inscrite dans la tradition saussurienne et pragoise, telle qu'elle a été développée, transmise et professée à la Sorbonne par André MARTINET. Nous le faisons parce que nous sommes convaincu qu'elle représente un progrès réel, un vrai passage à une vision moderne des choses. Face à certains discours dominants de nos milieux, lesquels, par exemple, soit au moyen d'un excès de formalisme, soit au moyen d'un recours à de prétendues profondeurs insondables de l'esprit humain, revendiquent une objectivité scientifique et prétendent de ce fait être les détenteurs de la vérité dans ce domaine, nous avons voulu souligner la caractéristique à nos yeux définitive de la linguistique, à savoir qu'elle ne saurait jamais être achevée. Cet inachèvement n'est rien d'autre en fait que l'achèvement même de notre discipline. D'une linguistique qui, respectueuse de la réalité des faits de langue liés inexorablement à des faits de sociétés humaines, est consciente de ses limites. Dans la mesure où tout ce qui est dit ou écrit, autrement dit, toutes les constructions linguistiques, qu'il s'agisse des réalisations de la vie quotidienne ou bien de réalisations plus élaborées, littéraires ou autres, ont trait à une production de **sens,** il y aura toujours et nécessairement une partie, si petite soit-elle, qui ne se laissera pas dominer par une analyse scientifique et formelle. C'est là que se trouve enraciné ce que nous appelons l'inachèvement de la linguistique et du même coup la liberté de l'être humain en tant que producteur de sens. Voilà pourquoi une langue n'est pas et ne peut heureusement être un code.

Vers une linguistique scientifique

Poser les limites permet justement de cerner le terrain où une activité scientifique peut se développer en toute rigueur. Pour cela il faut une théorie et une méthode que le fonctionnalisme a su engendrer. Ce terrain est offert à la linguistique par la possibilité, ouverte dans le cadre de la théorie fonctionnaliste, notamment celle de la *double articulation,* de **définir et identifier ses propres unités**, c'est-à-dire les unités distinctives, les phonèmes, et les unités significatives minimales, les monèmes. Il s'agit là de la condition *sine qua non* pour toute démarche qui se veut scientifique concernant les recherches linguistiques à condition, par ailleurs, de préciser les données sur lesquelles on travaille, autrement dit de préciser son corpus au sens large. À partir, donc, du moment où on accepte de travailler avec des unités bien définies et dans le cadre des données déterminées

---

[1] Au dire de Denise FRANÇOIS-GEIGER, 1990, *À la recherche du sens. Des ressources linguistiques aux fonctionnements langagiers,* p. 19-23.

par l'observation, on peut effectivement avoir l'ambition d'une démarche scientifique dégagée, dans la mesure du possible, de considérations subjectives.

La pierre angulaire de tout édifice fonctionnaliste est le principe de **pertinence**[2]. Ce principe impose, au-delà de la détermination de l'objet de l'étude, l'adoption d'un *point de vue* pour l'étudier. Le langage humain peut être l'objet de différentes disciplines. L'une d'elles est la linguistique. Ce qui caractérise la linguistique, et notamment la linguistique fonctionnelle, c'est que les faits qu'elle étudie seront évalués et classés selon leur contribution à la **communication** entre les hommes, car c'est la pertinence communicative qui est définie comme la mieux à même d'expliquer l'organisation des langues naturelles. Cela ne signifie pas que la communication soit la seule fonction des langues, encore moins que les langues constituent l'unique moyen de communiquer. Cela signifie que pour déterminer ce qui est proprement linguistique parmi tous les aspects de la réalité physique du langage, on prendra en compte ce qui contribue de quelque façon à la communication, c'est-à-dire ce qui est pertinent selon le point de vue choisi, et qu'on laissera pour une part aux autres disciplines le soin d'étudier les autres aspects.

Un tel choix n'implique pas une restriction de l'objet d'étude (par exemple, l'idée selon laquelle la phonologie ignorerait la réalité physique, la grande diversité des sons de la langue étudiée), il s'agit essentiellement d'un choix de **hiérarchie des faits**. Aucun détail de la langue étudiée ne doit échapper au linguiste, mais celui-ci s'attache à marquer quelle est, dans cette langue, la valeur de chaque fait observé en fonction de sa contribution à la communication. Il s'agit en fait d'aborder toute la langue, dans sa complexité, selon le point de vue qui permet au mieux d'en montrer le fonctionnement.

L'observation et le respect des faits constituent un principe fondamental de l'attitude fonctionnaliste. Une telle attitude conduit à rejeter tout apriorisme et à la reconnaissance de l'importance d'une base empirique de la recherche. On cultive en permanence une relation dialectique entre les faits observables et la théorie linguistique. On se donne pour ligne de conduite qu'en cas de divergence entre les faits et la théorie, ce sera évidemment cette dernière qui devra changer et non l'inverse. Ainsi se pratique une linguistique constamment ouverte à la réalité et prête à tout moment à reconsidérer ses positions théoriques si de nouveaux faits le nécessitent. Assumer une telle ouverture demande une grande prudence envers les positions universalistes. En effet, en dehors de la définition d'une langue postulée comme l'unique axiome de la théorie, on ne posera aucune autre proposition théorique comme exigence d'universal absolu. Une langue est définie par Martinet, comme un instrument de communication doublement articulé et de caractère vocal. Plusieurs sont les conséquences importantes qui découlent de cette définition. Nous avons déjà mentionné l'exigence de rigueur pour le linguiste d'accepter d'opérer avec les deux types d'unités minimales – phonèmes et monèmes – qui lui sont imposées par la double articulation du langage humain. Ces unités prennent leur valeur par *opposition,* c'est-à-dire non comme simples réalités physiques, mais comme unités fonctionnelles à l'intérieur d'un système.

---

[2] Le concept de "pertinence" proposé en 1933 par André Martinet est la traduction du terme "relevanz" que l'on doit à l'Autrichien Karl Bühler.

Le caractère vocal de la langue impose la linéarité dont le résultat est le développement d'une **syntaxe**. La syntaxe ne se conçoit pas comme une combinatoire, mais comme un programme qui permet d'établir les relations entre les unités significatives de telle façon que le message corresponde à l'expérience que l'on veut communiquer. La syntaxe a comme objectif l'étude des relations que les unités significatives entretiennent entre elles dans le discours, mais elle n'est pas la seule à indiquer ces relations. Le signifié des unités significatives, le contexte linguistique et la situation extralinguistique jouent un rôle important. La spécificité de la syntaxe, par rapport d'un côté à la sémantique et la pragmatique, et de l'autre par rapport à la morphologie, se manifeste au travers de marques linguistiques formelles qui servent à indiquer les relations des unités entre elles. La position des unités – quand elle est pertinente – aussi bien que la différence entre classes syntaxiques appartiennent à la forme, au même titre que l'emploi de monèmes spécialisés pour indiquer le type de rapports entre deux autres monèmes. En d'autres termes, la syntaxe fonctionnelle, qui se veut autonome, a pour objectif l'identification des formes linguistiques qui indiquent les relations des unités significatives minimales entre elles. Pour qu'il y ait syntaxe, il faut qu'il y ait marque de **cristallisation syntaxique**.

La conception fonctionnaliste de la **morphologie** est particulièrement originale. La morphologie se charge de toutes les contraintes formelles. Elle est conçue comme l'étude de ce qu'il y a de contingent dans les langues et notamment de la variation des signifiants des monèmes. Son apport essentiel est de nous donner la possibilité de distinguer l'existence des unités significatives minimales de leurs manifestations formelles dans la langue étudiée. On comprend dès lors le lien nécessaire entre monème et définition fonctionnelle de la morphologie: fonder l'analyse sur les unités significatives minimales impose de concevoir de manière extensive l'étude de la variation de leurs manifestations formelles. S'il ne peut y avoir communication que dans l'emploi de combinaisons d'unités significatives minimales, il n'y a pas obligatoirement dans les langues correspondance univoque de signifiant à signifié pour les monèmes (amalgames, signifiants discontinus), ni obligation de présence isolée des monèmes. C'est toute la difficulté et l'intérêt de cette démarche d'analyse linguistique de montrer que cette condition générale de fonctionnement des langues n'existe que sous des formes variables. La délimitation de la morphologie reflète de cette façon la conviction que dans le cadre du signe linguistique, le signifiant et le signifié, quoique strictement liés, n'occupent pas le même plan. **Le signifiant est là pour manifester le signifié**. Une fois que se trouve identifié un signe linguistique par l'intermédiaire de son signifiant, seul compte le signifié.

Vers une linguistique dynamique

La linguistique assume le **caractère social du langage** avec tout ce que cela implique. Les langues se conçoivent comme des entités qui portent en elles l'**hétérogénéité** – comprendre la variation – ou, en d'autres termes, que l'hétérogénéité est quelque chose d'inhérent aux langues. "Les langues changent parce qu'elles fonctionnent" aimait répéter Martinet. Chaque langue en pleine synchronie présente des zones de plus ou moins grande stabilité et ceci à tous les niveaux. La dialectique permanente entre les variations toujours présentes est le mécanisme fondamental qui assure le changement, c'est-à-dire l'évolution des langues et parfois leur naissance ou leur disparition. En conséquence, il faut prévoir les moyens théoriques et méthodologiques pour découvrir et mettre en relief la **dynamique** propre à chaque langue étudiée, la dynamique existant en pure synchronie. Naturellement les facteurs externes participent pleinement à cette dynamique.

Tous les fondateurs du fonctionnalisme ont souligné le caractère social du langage et l'ont conçu comme une institution sociale. Pour le fonctionnalisme contemporain, la variation est inhérente à toutes les langues et à tout moment de leur évolution. C'est pour cela qu'en allant au-delà de Saussure, qui pose la synchronie comme statique, Martinet a postulé la **synchronie dynamique**[3]. La dynamique des langues s'observe justement dans la présence simultanée de formes diverses, ce qui indique qu'il n'y a pas seulement **une** structure et **un** système, mais qu'en pure synchronie la langue fonctionne comme **une structure multiple**[4], c'est-à-dire comme une coexistence simultanée de plusieurs systèmes. En étudiant cette dynamique le linguiste essaiera d'identifier les facteurs auxquels sont liées ces variations. On remarquera que quelques variations sont liées aux facteurs sociaux, d'autres aux facteurs géographiques, d'âge, de sexe, de niveau d'éducation, de situation de communication et d'autres selon le cas.

La synchronie dynamique amène la linguistique à entrer en contact avec d'autres sciences de l'homme – comme la sociologie, la psychologie, l'ethnologie, l'économie, l'histoire – pour profiter de leurs enseignements en vue de déterminer le rôle des facteurs externes qui interviennent dans le mouvement linguistique et montrer le jeu subtil qui résulte de son articulation avec les facteurs internes. "Ce recours motivé aux disciplines voisines vise à un travail de linguistique, un travail d'observation approfondie, s'appuyant sur des concepts et des méthodes propres à la linguistique et sur les apports des autres disciplines qui ont leurs propres démarches, sans subordonner ce travail de terrain à la réévaluation permanente de ses présupposés épistémologiques et sans aller chercher de modèles dans d'autres disciplines, qu'il s'agisse de philosophie, de logique ou de spécialités plus récentes"[5].

Il est certain que dans l'histoire de l'humanité, les grammaires ont eu le même impact social que les grandes inventions technologiques. Il suffit de penser au rôle qu'ont joué les grammaires, à partir de 1492[6], pour la constitution des États nationaux. Une des tâches principales, un défi pour toute théorie linguistique, est l'élaboration des **grammaires**, en ce sens que les grammaires représentent la

---

[3] André MARTINET, 1975, *Évolution des langues et reconstruction,* pp. 5-10; André MARTINET, 1989, *Fonction et dynamique des langues*; cf. aussi André MARTINET, 1955, *Économie des changements phonétiques.*

[4] Cf. Anne-Marie HOUDEBINE, 1985, Pour une linguistique synchronique dynamique.

[5] Denis COSTAOUEC, 1998, Sociolinguistique et étude des changements linguistiques en synchronie.

[6] En cette année de la découverte de l'Amérique, Elio Antonio Nebrija publie la grammaire du castillan, première grammaire importante sur une langue vernaculaire. De 1492 à 1586, onze langues européennes reçoivent leur première description grammaticale.

synthèse entre la connaissance scientifique et les nécessités sociales, spécialement dans les tâches éducatives, qu'il s'agisse de la langue maternelle ou des langues étrangères. Si nous pouvons convenir que la grammaire fut toujours un produit intellectuel qui répond à un besoin social, la finalité que ses auteurs lui ont attribuée ne fut pas toujours la même. Cela est tout à fait compréhensible et illustre la dialectique existant entre l'évolution sociale et celle de la grammaire. Nous pourrions même penser que la grammaire se fait à l'image et à la ressemblance de la société, tout en exerçant une influence sur l'évolution de cette même société à laquelle elle reste liée.

Du point de vue qui nous intéresse ici, c'est-à-dire du point de vue de la dynamique, les grammaires étaient conçues jusqu'à aujourd'hui comme des ouvrages qui représentaient **LA** norme – avec un "la" majuscule – de la langue. La norme du bien parlé et du bien écrire, la langue de prestige à laquelle toute personne bien éduquée devait s'adapter, et en fonction de laquelle la sélection devait se faire. Dans ce type de grammaire, la langue est perçue comme statique, uniforme et homogène; les usages non conformes à la grammaire sont, en principe, stigmatisés et marginalisés. Or, l'observation des variations de toute nature, présentes en tout moment dans chaque langue doit nous conduire aujourd'hui à mettre en évidence la **dynamique de la langue en pleine synchronie**. Il est donc important de faire apparaître, non une seule norme, mais la multiplicité des normes pratiquées par les usagers, telles qu'elles se manifestent par les variations des formes. Tâche difficile, que la linguistique fonctionnelle essaye de prendre en charge [7], car on devra arriver à mettre à la disposition du grand public le résultat des avancées théoriques, en trouvant non seulement le langage adéquat pour être compris sans difficulté, mais aussi pour vaincre les idées reçues et les mauvaises habitudes.

En face d'un tel besoin, ce qu'il est important de mettre en relief est que, dans la plupart des cas, les solutions sont multiples, qu'il y a **plus d'une façon** pour s'exprimer et que le critère essentiel pour se prononcer sur l'acceptabilité d'une expression est la réussite de la communication. Adopter une telle attitude équivaut à une révolution pédagogique à laquelle nous invite la linguistique moderne.

---

[7] Voir, par exemple, André MARTINET (dir.), 1979, *Grammaire fonctionnelle du français*; Fernand BENTOLILA, 1981, *Grammaire fonctionnelle d'un parler berbère*; Christos CLAIRIS et Georges BABINIOTIS, 1996 et suite, Γραμματική τής Νέας Ελληνικής. Δομολειτουργική-Επικοινωνιακή (*Grammaire du grec moderne. Structurale, fonctionnelle et communicationnelle*).

1. STRUCTURE ET LIBERTÉ LINGUISTIQUES

Variation et fluctuation de phonèmes

Le moteur principal du changement linguistique est la variation. On sait que toute langue change à chaque instant et que la synchronie est dynamique[1]. Mon propos ici est de signaler qu'à côté des **variations conditionnées** il peut y avoir des **variations libres**, toutes deux faisant partie de la dynamique linguistique. Il va sans dire que la variation se manifeste à tous les niveaux d'une langue : phonétique, phonologique[2], morphologique, syntaxique, lexical, discursif. Que l'hétérogénéité soit inhérente à toute langue et à chaque instant de son histoire n'empêche pas qu'il y ait structures et normes, qui doivent être conçues comme plurielles. De même la stabilité et le mouvement sont des caractéristiques coexistantes dans toute langue, la stabilité n'excluant pas le mouvement et vice-versa.

Le fait que les langues changent étant une évidence, on peut se demander si le changement s'effectue toujours selon le même rythme. Autrement dit, la vitesse du changement est-elle constante ou bien y a-t-il des moments d'accélération ou de ralentissement ? Il me semble que, sans grand effort de démonstration, nous pouvons convenir que des éléments externes à la langue, tels que des faits historiques, politiques et sociaux, peuvent influencer ce changement dans un sens ou dans l'autre. Nul doute, par exemple, qu'une réforme linguistique décidée par un pouvoir central – on peut citer par exemple la réforme linguistique en Turquie[3] sous l'impulsion de Kémal Atatürk – donnera un coup d'accélérateur au changement. Comme il a été signalé dans *l'Introduction*, aux XVe et XVIe siècles en Europe naissent les premières grammaires de langues vernaculaires, accompagnant un mouvement en faveur de ces mêmes langues. Il s'agit là d'une période fort intéressante pour l'observation de la dynamique linguistique. Dans une perspective de glossogenèse, la formation des langues créoles, marque, en général, un rythme fort du changement. Le processus de disparition des langues[4] constitue également un observatoire pour la dynamique linguistique.

La variation concerne avant tout le rapport entre la **forme** et le **sens**. La règle d'or de la recherche linguistique est l'union du son (forme) et du sens. Son et sens constituent ensemble la matière première du langage. Rien de plus contraire à une approche linguistique que de vouloir s'occuper du sens sans qu'il soit ancré dans des formes concrètes et vice-versa. Bien entendu, font partie de la forme, non

---

[1] Outre André MARTINET, cité en introduction (note 3), cf. aussi Roman JAKOBSON, 1963, *Essais de linguistique générale*, p. 92 : "Une vue compréhensive de la synchronie dynamique de la langue, impliquant les coordonnées spatio-temporelles, doit remplacer le modèle traditionnel des descriptions arbitrairement limitées à l'aspect statique".

[2] À titre d'exemple, voir Henriette WALTER, 1982, *Enquête phonologique et variétés régionales du français*.

[3] Christos CLAIRIS, 1995, La réforme linguistique en Turquie.

[4] Voir ici même le chapitre "Le processus de disparition des langues".

seulement les signifiants des unités lexicales et grammaticales, mais aussi toute indication matérielle manifestant les structures phonologiques, morphologiques, syntaxiques, lexicales et énonciatives de la langue.

Le locuteur d'une langue dispose, pour construire un message, d'une grande variété de formes liées à des effets de sens, susceptibles de satisfaire ses besoins de communication. Le fait même que la communication ait lieu prouve que, par convention sociale, les mêmes formes restent liées aux mêmes effets de sens. Autrement dit, en fonction du sens qu'il veut transmettre, le locuteur est contraint de choisir les formes qui sont destinées à le manifester; s'il constitue librement son message, c'est à partir de formes préétablies par la langue [5].

Et pourtant.... Trois types de variations de formes correspondant au même sens – ou quasiment – existent en pleine synchronie.

Il faut, tout d'abord, considérer les variantes du signifiant d'un même signifié en fonction des contextes. Dans ce cas seront reconnues comme correspondant au signifié du même monème "aller", les formes qui sont en distribution complémentaire comme *i-* dans *ira*, *va* dans (*il*) *va*, *all-* dans *all-ons*, etc. Il s'agit de **variations obligatoires et contextuelles.** Ces variations de forme d'un même signe s'imposent à tout usager de la langue et sont conditionnées par le contexte. Pour la linguistique fonctionnelle, on est là dans le domaine de la **morphologie.** On doit assumer, en synchronie, certaines conséquences du fait que les langues sont les produits d'une évolution à travers le temps. Il en résulte que chaque signe d'une langue ne se manifeste pas nécessairement et dans tous les cas, sous une seule et même forme. La morphologie a pour tâche d'étudier les variations formelles et non pertinentes de chaque signe linguistique. Leur raison d'être, en synchronie, ne peut pas être attribuée à une contrainte phonique – auquel cas, elles devraient être étudiées en phonologie.

Toute contrainte (ou absence de choix) relève également de la morphologie. On peut donc affirmer que la morphologie est le chapitre où on traite des contraintes formelles, autrement dit, en morphologie on traite tout ce qui n'intervient pas dans le sens du message.

Cerner le domaine de la morphologie présuppose qu'on a parfaitement cerné celui de la phonologie, étant entendu que la phonologie, comme toute autre approche d'analyse linguistique, étudie la langue en état de fonctionnement et ne se limite pas à la considération de termes isolés. L'identification des unités distinctives discrètes, leurs réalisations, leurs possibilités de combinaison, le conditionnement purement phonique de leur comportement, sont la matière de la phonologie. "Établir le système phonologique d'une langue, c'est proprement dégager quels sont les traits phoniques que les sujets qui la parlent sont capables de produire, de distinguer et de combiner pour composer les signifiants de la langue" [6].

Les latitudes et contraintes articulatoires, soutenues par la tension différentielle du signe, une fois dégagées par l'analyse phonologique, s'imposent à l'ensemble de la langue.

---

[5] Cf. SAUSSURE, *Cours...*, p. 104: "Si par rapport à l'idée qu'il représente, le signifiant apparaît comme librement choisi [arbitraire du signe], en revanche par rapport à la communauté linguistique qui l'emploie, il n'est pas libre, il est imposé".

[6] André MARTINET, 1965, De la morphonologie, p. 21.

Outre les variations formelles du même signe, où la synthématique[7] trouve naturellement sa part, la morphologie est le chapitre où l'on doit traiter de toutes les contraintes formelles que la langue a acquises au cours de son histoire, à l'exclusion de celles qui résultent des incapacités des sujets à reproduire certaines articulations en général ou dans tel contexte particulier.

Il doit être clair que la position respective des unités signifiantes dans la chaîne peut assumer une fonction significative dans le sens où, par exemple, *le chat mange le rat* est un autre message que *le rat mange le chat*, et ceci n'a rien à voir avec la morphologie. Mais là où la **position** est imposée par la tradition, où il y a simple contrainte formelle sans implication significative, il y a un trait qui devra figurer dans la présentation de la morphologie de la langue.

Fera donc partie de la morphologie de la classe des indices personnels espagnols le fait qu'ils doivent occuper la dernière position dans le syntagme verbal (encuentr-O encontrara-N); dans la présentation de la morphologie du français devront figurer des indications relatives aux conditions d'alternance de position des marques personnelles autres que simplement graphiques. De la même façon, pour une langue comme le mapuche du Chili ou le turc, où les modalités verbales se suffixent à la base, on précisera en morphologie la position fixe que chacune d'elles devra occuper dans la chaîne du syntagme verbal.

La dynamique linguistique est alimentée par deux autres types de variations. Nous avons envisagé jusqu'ici les faits de variation surtout d'un point de vue qui ne considère que le conditionnement interne des faits linguistiques. Pour cela, nous avons fait momentanément abstraction de l'hétérogénéité inhérente à toute communauté linguistique[8]. En fait le conditionnement interne va de pair avec un conditionnement dû aux variétés d'usage[9]. Il est bien entendu que dans la présentation d'une langue on veillera à identifier toute variation liée à un facteur régional, social, d'âge, de sexe, du niveau d'éducation, de style, d'appréciation subjective sur la langue[10], etc., ou à une situation de communication particulière. Il y a là plusieurs lignes d'orientation pour étudier ce deuxième type de **variations conditionnées** qu'il conviendra d'approfondir. D'ailleurs, la linguistique, dite variationiste, voire la sociolinguistique, s'en sont largement chargées.

Finalement et en troisième lieu, il y a place, dans les langues, pour des **variations libres**. Leur identification est extrêmement délicate dans la mesure où il faudra d'abord s'assurer que le choix d'un signifié peut, dans certains cas, ne pas impliquer une seule forme. J'ai été conduit à les prendre en charge théoriquement et méthodologiquement à partir de mes recherches sur des langues en voie de disparition, notamment sur le qawasqar, langue parlée en Patagonie occidentale[11]. La présence d'un très grand nombre de monèmes dont la forme pouvait varier

---

[7] Pour la notion de *synthème*, voir ici même le chapitre "Lexique et syntaxe".

[8] Pour la difficulté de définir une communauté linguistique, voir Gisèle DUCOS, 1983, Plurilinguisme et descriptions de langues, et Anne-Marie HOUDEBINE, 1978, *La variété et la dynamique d'un français régional*, pp. 148-409.

[9] André MARTINET, 1960, *Eléments de linguistique générale*, chap. 5.

[10] Cf. les travaux sur "L'imaginaire linguistique" d'Anne-Marie HOUDEBINE et notamment son article de 1985 "Pour une linguistique synchronique dynamique".

[11] Christos CLAIRIS, 1987, *El qawasqar. Lingüística fueguina. Teoría y descripción*.

librement[12] m'a permis de cerner de près le phénomène de fluctuation de phonèmes.

Le centre de la réflexion sur la notion de "fluctuation" en tant que terme de linguistique générale est la détermination des critères qui permettent la reconnaissance des faits de fluctuation en tant que tels. Bien que ces phénomènes aient dû faire partie depuis toujours du fonctionnement de toute langue, leur prise en charge systématique et leur mise en valeur dans le cadre théorique de la linguistique fonctionnelle sont relativement tardives[13].

On doit le terme de fluctuation à Kenneth L. PIKE[14] qui avait traité de cette question dès 1947. Pike présente les faits de fluctuation[15] en utilisant, selon son habitude, des exemples en *kalaba*[16]. Ainsi l'alternance des sons [s] et [z] dans les termes "tasse" qui se prononce *tasa* ou *taza*, et "épée" qui se prononce *zulï* ou *sulï* est à interpréter comme fluctuation entre phonèmes pleins ("full phonemes") étant donné qu'il est prouvé que dans la même langue les sons en question sont des phonèmes puisqu'ils s'opposent dans des environnements identiques (*nisa* "homme", *niza* "trois"). Il précise ensuite que cette variation est limitée aux deux termes cités et qu'elle n'affecte pas le reste du lexique. Auparavant il prend soin de distinguer ce qui est variation libre et qui se situe entre "full independent phonemes" et "submembers of phonemes", entre phonèmes ou entre variantes, dirions-nous. De plus il précise que dans le cas d'une fluctuation entre phonèmes ("full phonemes") le remplacement d'un phonème par un autre se fait "sporadiquement" et "arbitrairement" (p. 125a). Cette précision de l'arbitraire des fluctuations est importante parce qu'elle montre que dès le départ les fluctuations sont reconnues comme tout à fait indépendantes de ce qu'on appelle, à la suite d'André Martinet, "variétés d'usage"[17], autrement dit des variations conditionnées.

Dans la tradition de la tagmémique, des chercheurs travaillant dans le sillage de Pike ont relevé dans leurs descriptions des faits de fluctuation. Je cite, à titre d'exemple, Furne RICH[18], qui signalait des fluctuations de phonèmes en *arabela*, langue indo-américaine du Pérou de la famille *zaparo*:

> "Although / n / and / r / are clearly separate as shown in these illustrations: / ninyu / "to come", / rinyu / "to breathe", / nanu / "wild", / ranu / "to give birth", there is some fluctuation of the two phonemes by most speakers in a limited number of morphemes: / nyuryuku / or / ryuryuku / "egg"."

---

[12] En voici quelques exemples extraits de C. CLAIRIS, *Elqawasqar...*, pp. 411-418 :

"boire"	c'efa	cefa		
"fort"	c'eleqs	celeqs	caleqs	
"jonc"	c'epas	c'apas	cepas	capes
"épouse"	afcoq(k)	ofcoq(k)	afceq(k)	
"aliment"	asaqe	asaqa		
"fatigué"	awspena	owspena		

[13] Première utilisation du terme dans un sens technique: Christos CLAIRIS, 1977, Première approche du qawasqar, pp. 150-151.

[14] Kenneth L. PIKE, 1968, *Phonemics: a Technic for Reducing Languages to writing* (1ère éd. 1947), pp. 122-123. Le phénomène lui-même avait été relevé et cerné par André MARTINET, en 1945; cf. ci-dessous note 30.

[15] *Ibidem*, pp. 122-127.

[16] *kalaba*: A hypothetical language used from problems; each "dialect" of kalaba is considered a separate structural system and contains all the data of that "language" (PIKE, *Phonemics*...p. 241a).

[17] MARTINET, 1960, *Eléments...*, chap. 5.

[18] Furne RICH, 1963, Arabela phonemes and high-level phonology, pp. 193-206.

Parmi ceux qui, suivant les enseignements de Pike, ont prêté une attention particulière aux faits de fluctuations, nous devons citer la linguiste américaine Mary Ritchie KEY. Après avoir étudié les fluctuations pendant ses recherches sur les langues indo-américaines de Bolivie [19], Key, invitée par André Martinet à présenter la phonologie du *chama* dans la revue *La linguistique* fut la première à introduire le concept de fluctuation dans le milieu fonctionnaliste avec son article "Phonemic pattern and phoneme fluctuation in Bolivian chama (tacanan)" [20]. Elle définit la fluctuation entre phonèmes à la suite de Pike comme "the optional use of one phoneme or another in a given word or morpheme" [21]. Son affirmation "The phonemes must be similar in some way, either by points or manner of articulation" doit être circonscrite aux exemples du chama qu'elle cite ou à d'autres cas bien précis. Cette affirmation ne peut être comprise comme un critère identificatoire au niveau d'une théorie générale, car nombreux sont les contre-exemples observés où des phonèmes articulatoirement éloignés peuvent parfaitement fluctuer [22]. Notons d'ailleurs que Pike lui-même ne formule nullement une telle exigence.

Une réflexion théorique sur la fluctuation et une observation systématique des faits étaient donc devenues nécessaires pour les fonctionnalistes. D'autant plus nécessaire que d'une façon tout à fait étonnante la notion de fluctuation a été absente des travaux fonctionnalistes jusque dans les années 1970. Pourtant André Martinet, dans la "Description phonologique avec application au parler franco-provençal d'Hauteville (Savoie)" [23], faisait déjà remarquer, dans des termes repris exactement dans *La description phonologique...*, que:

> "Des doublets comme *ber'dase*, *ver'dase* "écureuil", *barüsó*, *varüsó* "ver qui loge sous la peau des bovidés" n'impliquent pas du tout une tendance actuelle à la confusion des deux phonèmes / b / et / v /. On a, dans les cas de ce genre, affaire à deux formes phonologiques parfaitement distinctes."

En effet, les faits décrits ici correspondent parfaitement à une fluctuation de phonèmes. Cependant dans les nombreuses descriptions linguistiques de tout niveau, ainsi que dans les ouvrages élaborés dans le sillage d'André Martinet, les faits de fluctuations proprement dits ne sont pas pris en charge, sinon d'une façon très occasionnelle et sans être signalés en tant que tels [24].

Par ailleurs, des travaux importants réalisés dans une orientation dialectologique auraient pu inspirer la réflexion sur des faits de fluctuation et de dynamique linguistique. Il est dommage que les travaux de Jacques Allières sur ce qu'il a appelé depuis 1952 "le polymorphisme" en gascon soient restés sans consé-

---

[19] Mary Ritchie KEY, 1968, *Comparative Tacanan Phonology*.

[20] KEY, 1968, pp. 35-48.

[21] *Ibidem*, p. 44.

[22] Cf. entre autres ici-même les exemples présentés par Furne RICH.

[23] *Revue de linguistique romane*,15, 1939, mais parue, en fait, en 1945, p. 19; reproduit dans *La description phonologique avec application au parler franco-provençal d'Hauteville (Savoie)*, 1956, p. 57.

[24] Cf. Claude HAGÈGE, 1970, *La langue mbum de Nganha (Cameroun), Phonologie-Grammaire*, p. 39: "*l* est une continue latérale, toujours apicale et toujours réalisée comme sonore. C'est un autre phonème que *r* dans la plupart des cas. Cependant, dans certains signes, les deux phonèmes sont confondus. Ainsi, nos informateurs disent indifféremment *lìlô* ou *rìrô* "transpiration", *fìkìr* ou *fìkìl* "effacer". Cette confusion ne se produit pas nécessairement dans les seuls cas où l'amphibologie est créée, c'est-à-dire quand il n'existe pas de quasi homonyme avec lequel viendrait se confondre le signe où la distinction *l-r* n'est plus respectée: ainsi "effacer" se dit indifféremment *fìkìl* ou *fìkìr*, mais il existe un autre monème *fìkìr* dont le signifié est "tordre"."

quence au niveau d'une linguistique générale. Ayant lu les publications de Jacques Allières en la matière après avoir élaboré ma définition des fluctuations [25], j'ai été conforté dans mes positions par l'analogie des points de vue théoriques en face de faits largement de même nature. Voici comment Jacques Allières définit le polymorphisme [26]:

> "Nous appelons "polymorphisme" la coexistence, dans le langage d'un sujet parlant, de deux ou plusieurs variantes phonétiques ou morphologiques d'un même mot, utilisées concurremment pour exprimer le même concept, le choix de l'une ou de l'autre apparaissant comme indépendant du conditionnement articulatoire (tempo, etc.) ou d'une recherche quelconque d'expressivité."

On retiendra dans cette définition le fait qu'il s'agit de deux formes concurrentes de la même unité significative et ceci indépendamment de tout conditionnement articulatoire y inclus la différence entre débit lent et rapide; ces formes sont également indépendantes de tout effet stylistique ou expressif. Fait très important: elles coexistent dans le langage du même locuteur. Allières insistera sur ce fait en écrivant textuellement [27]:

> "lorsqu'un dialectologue ou un linguiste note avec étonnement l'existence du polymorphisme, c'est qu'il l'a remarquée chez la même personne, pour le même mot ou le même groupe de mots."

Il précisera de plus que de tels phénomènes sont limités "à certaines parties du lexique (la morphologie paraît ainsi obéir à des tendances qui lui sont propres)" [28]. Il soulignera aussi l'importance de ces phénomènes pour la dynamique linguistique en disant notamment que "ce polymorphisme a été un stade réel et vécu, le seul qui soit concevable au cours d'une évolution phonétique" [29] et plus loin (p. 531):

> "Ainsi, le polymorphisme nous paraît être, dans nombre de cas, le reflet vivant de la diachronie dans la synchronie".

Au sujet de la place qu'on devait donner à ces phénomènes, il ajoutera (p. 531):

> "L'étude du polymorphisme ne saurait-elle constituer une sorte de sous-section de la phonétique, de la morphologie etc., bien plutôt, elle ouvre la voie à une compréhension plus adéquate du langage dans son ensemble, puisqu'elle permet d'envisager dans leur intégrité des faits qu'on préférait mutiler en les amputant de bavures gênantes dont on ne savait que faire."

et il posera la question (p. 532):

> "Ne pourrait-on précisément voir dans certains faits de polymorphisme un reflet tangible et mesurable de ces déséquilibres structuraux qui permettent aux phonologues d'aborder la diachronie ?"

Confronté moi-même à partir de 1970 à la description du qawasqar, j'ai été amené, par la force des faits observés, à réfléchir dans le cadre de la double articulation d'André Martinet à l'interprétation d'une situation assez originale pour

---

[25] Christos CLAIRIS, 1981, La fluctuation des phonèmes, p. 103.

[26] Jacques ALLIÈRES, 1954, Un exemple de polymorphisme phonétique: le polymorphisme de l' -s implosif en gascon garonnais, p. 103.

[27] Jacques ALLIÈRES, 1962, Aspects géographiques et diachroniques de la phonétique: le polymorphisme, p. 527.

[28] *Ibidem.*

[29] Jacques ALLIÈRES, 1962, Aspects géographiques et diachroniques de la phonétique: le polymorphisme, p. 530.

moi. En effet, dans les premières étapes de ma recherche les oppositions phonologiques apparaissaient fréquemment comme insaisissables. Ceci résultait de l'importance des fluctuations, en quantité telle qu'il était impossible qu'elles restent inaperçues. À la suite de cette expérience et à la lumière des faits observés, j'ai entrepris le traitement théorique de ce phénomène dans le cadre de la linguistique fonctionnelle[30]. Ce traitement théorique s'est cristallisé sur trois propositions:

a) la définition de la fluctuation de phonèmes, ce qui permet, précisément, l'identification des faits;

b) une première esquisse de typologie des fluctuations de phonèmes[31];

c) l'introduction de la *tropologie* en tant que chapitre particulier de la morphologie dans le cadre duquel devraient trouver place l'étude des phénomènes de fluctuations ainsi que celle de tous les faits de variation libre.

La fluctuation de phonèmes est la possibilité pour le même locuteur, dans les mêmes circonstances, de faire alterner librement deux ou plus de deux phonèmes dans la même unité significative, et cela seulement pour certaines unités du lexique.

Cela implique:

1. que l'opposition entre les phonèmes qui entrent en jeu est bien établie; c'est-à-dire qu'il s'agit d'une alternance possible de phonèmes bien distincts;

2. qu'il ne faut pas confondre la fluctuation de phonèmes avec les variantes libres de réalisation d'un phonème unique;

3. qu'il ne faut pas confondre la fluctuation de phonèmes avec les réalisations identiques de phonèmes différents[32];

4. que la neutralisation de phonèmes est un phénomène d'une nature tout à fait différente[33] de la fluctuation, la neutralisation étant liée exclusivement à un contexte déterminé et affectant l'ensemble du vocabulaire, ce qui n'est pas du tout le cas des fluctuations;

5. que le phénomène de fluctuation doit soigneusement se distinguer de la variation de formes liée aux variétés d'usage. C'est dans ce sens que peut être interprétée l'exigence du "même locuteur" postulée dans la définition. En effet les fluctuations ne constituent pas du tout un fait isolé se manifestant chez quelques individus isolés, mais au contraire un phénomène qui concerne la totalité ou la quasi totalité des locuteurs de la communauté linguistique étudiée;

6. que l'affirmation "dans les mêmes circonstances" met en garde contre toute confusion avec des variations dues à différents niveaux de langue ou à des effets spécifiques d'expressivité;

7. qu'il ne faut pas confondre les fluctuations avec les alternances liées au contexte;

---

[30] Christos CLAIRIS, 1981, La fluctuation des phonèmes; Christos CLAIRIS, 1987, *El qawasqar. Lingüística fueguina. Teoría y descripción*, pp. 403-423 et Christos CLAIRIS, 1991, Identification et typologie des fluctuations.

[31] Pour les concepts de "flottement" et d'"oscillation" introduits par Pierre MARTIN en tant que précisions dans le chapitre des fluctuations, voir ses articles: Pierre MARTIN, 1988, Fluctuations et flottements vocaliques en franco-canadien; Pierre MARTIN, 1989, Fluctuations, flottements et oscillations, en franco-canadien.

[32] Sur ce phénomène d'une nature tout à fait différente, voir André MARTINET, 1969, Réalisations identiques de phonèmes différents.

[33] Sur ce point, voir Jean-Michel BUILLES, 1986, L'alternance libre de phonèmes en malgache.

8. que les faits de fluctuation n'affectent jamais la totalité des unités significatives d'une langue;

9. que l'alternance libre des faits prosodiques pertinents par ailleurs, tels que la place de l'accent en espagnol par exemple, qui peut se produire pour certaines unités du lexique seulement, doit être considérée dans le même cadre des fluctuations, même si ceci n'est pas explicitement postulé dans la définition.

Depuis qu'on a commencé à se pencher sur les faits de fluctuations de phonèmes il est apparu que toutes les fluctuations n'étaient pas du même type.

À la lumière des faits observés, il est possible de présenter une première esquisse pour classer et mieux comprendre différents types de fluctuations. On peut donc envisager les fluctuations selon trois points de vue:

A - Du point de vue des rapports des phonèmes considérés entre eux;
B - Du point de vue des causalités qui provoquent les fluctuations;
C - Du point de vue de la dynamique linguistique.

A - Du point de vue des **rapports qu'entretiennent les phonèmes** considérés, les fluctuations peuvent avoir lieu entre phonèmes qui présentent une base commune ou entre phonèmes qui n'ont pas de base commune. Je précise tout de suite qu'avec le terme "base commune" je fais référence simplement au fait que les phonèmes concernés sont voisins dans le système. Ceci ne veut pas dire que l'alternance a lieu dans une position ou un contexte déterminé comme c'est le cas pour la neutralisation.

Le fait que les fluctuations entre phonèmes neutralisables représentent un type quantitativement important a conduit Mary Ritchie Key à postuler, nous l'avons vu, que les fluctuations doivent avoir lieu entre phonèmes qui sont similaires ("similar") en ce qui concerne le point ou le mode de leur articulation[34].

Or, la fluctuation entre phonèmes qui ont une base commune ne représente qu'un seul type de fluctuation. Nombreux sont les cas où la fluctuation concerne des phonèmes non neutralisables. Je cite à titre d'exemples:

/n/-/r/	*nyuryuku - ryuryuku* "œuf"	en arabela[35]
/i/-/a/	*a'komi - a'koma* "encore"	en grec
/d/-/r/	*sudamérica - suramérica*	en espagnol
/l/-/q/	*altal - altaq* "travail"	en qawasqar
/t/-/l/	*pèt - pèl* "peau"	en gascon[36]

B - Du point de vue des **causalités** qui favorisent le déclenchement d'une fluctuation, on peut distinguer, pour le moment, trois grandes catégories étant bien entendu que, dans la plupart des cas, plusieurs facteurs interviennent en même temps. Par conséquent, les mêmes faits pourront être classés dans plusieurs

---

[34] De même Anne Lefebvre est tentée de considérer les fluctuations comme des faits phonologiques en utilisant comme argument le fait qu'il s'agit "des phonèmes dont l'opposition est neutralisable ou qui ne s'opposent que par un trait pertinent comme l'attestent les exemples" (LEFEBVRE, 1984, p. 191).

[35] Furne RICH, 1963, Arabela phonemes and high-level phonology, p. 194.

[36] Jacques ALLIÈRES, 1962, Aspects géographiques et diachroniques de la phonétique: le polymorphisme, p. 528.

catégories. On peut donc prévoir selon ce point de vue que l'apparition de fluctuations est favorisée par:

     a) les pressions du système;
     b) les contacts linguistiques;
     c) les facteurs extra-linguistiques.

Avoir inclus parmi les facteurs qui favorisent les fluctuations les pressions du système peut apparaître à première vue comme un argument en faveur du traitement des fluctuations comme des faits phonologiques. Il n'en est pas du tout question. Argumenter dans ce sens serait confondre les causalités d'un phénomène avec le phénomène lui-même. Un bon nombre de variations morphologiques observées en synchronie peuvent s'expliquer diachroniquement par des changements phonétiques; pour autant elles n'en sont pas moins morphologiques. Dans les faits présentés par Anne Lefebvre [37] dans sa thèse, on reconnaît effectivement la pression du système dans la présence d'un grand nombre de fluctuations entre voyelles de deuxième et troisième degré d'aperture, mais aussi longtemps que l'opposition restera stable pour un certain nombre de monèmes, on aura affaire à des faits tropologiques [38], c'est-à-dire à la morphologie.

À propos des contacts linguistiques, qui font partie des facteurs fondamentaux qui peuvent provoquer des fluctuations, il serait nécessaire de procéder à une diversification en sous-catégories en distinguant plusieurs cas de figure. En voici une liste sans prétention d'exhaustivité:

     1. contacts entre les variétés régionales d'une même langue;
     2. contact entre une langue à grande diffusion et de tradition écrite avec une langue à tradition orale, qui peut être parlée par un petit ou un grand nombre de locuteurs;
     3. contacts entre deux ou plusieurs langues à tradition orale;
     4. contacts entre deux ou plusieurs langues à grande diffusion, dites de prestige;
     5. contacts entre langues appartenant à la même famille ou à des familles différentes.

Parmi les facteurs extralinguistiques qui peuvent influencer positivement ou négativement l'apparition des fluctuations, nous pouvons citer l'absence ou la présence d'une planification linguistique, le rôle de l'écriture, ainsi que l'importance de l'imaginaire linguistique [39].

C - Du point de vue de la **dynamique linguistique**, il est possible de distinguer au moins quatre cas:

     a) Fluctuations qui permettent de formuler une hypothèse d'élimination d'une opposition.

Les fluctuations en grand nombre entre phonèmes glottalisés et non-glottalisés en qawasqar, en tehuelche et dans d'autres langues amérindiennes constituent des exemples pour ce cas précis.

---

[37] Voir Anne LEFEBVRE, 1984, *Lille parle: du nombre et de la variété des registres langagiers; étude sociolinguistique du parler de la région lilloise*, surtout chap. X.
[38] Voir ci-dessous le chapitre suivant "La tropologie".
[39] Voir Anne-Marie HOUDEBINE, 1983, Sur les traces de l'imaginaire linguistique.

b) Variations qui permettent de formuler l'hypothèse d'acquisition d'une opposition.

Ceci est un cas particulier dans la mesure où la variation a lieu entre un phonème de la langue étudiée et un phonème d'une autre langue. Le fidjien, comme l'a déjà remarqué Henriette Walter[40], nous offre un exemple dans ce sens. La fluctuation a lieu, selon les données publiées par Albert Schütz[41], entre le phonème fidjien / b / et le phonème anglais / p / dans le cadre de certains emprunts à l'anglais, par exemple *beni - peni* pour "plume", *beba - pepa* pour "papier". Cette fluctuation va dans le sens de l'intégration du phonème / p / par le fidjien. On devrait pouvoir observer une situation analogue dans l'intégration de la nasale vélaire en français[42].

c) Fluctuations qui font partie des symptômes qui accompagnent, parfois, le processus de disparition des langues.

L'observation a été faite d'abord par Wolfgang Dressler[43] à propos de ses recherches sur le breton, observation que j'ai confirmée dans la description du qawasqar, et que j'ai reprise dans le cadre d'une problématique générale liée à la dynamique de la disparition des langues[44]. Ce qui devient pertinent dans ce cas ce n'est pas la présence des fluctuations mais leur importance quantitative et l'état généralisé des fluctuations où la quasi totalité des phonèmes est concernée.

d) Fluctuations qui représentent des cas isolés sans exercer au moment de l'observation une influence sur le devenir de la langue.

C'est le cas, par exemple, de l'alternance *sudamérica - suramérica* en espagnol.

La typologie que je viens de présenter est une première esquisse, elle n'a rien de définitif et ne prétend pas à l'exhaustivité. Elle devrait pouvoir s'affiner, se corriger et se perfectionner avec les suggestions et les travaux d'autres chercheurs qui travaillent dans ce domaine.

---

[40] Henriette WALTER, 1984, Entre la phonologie et la morphologie. Variantes libres et fluctuations, p. 70.
[41] Albert SCHÜTZ, 1979, *English loanwords in fijian, Fijian language studies : Borrowing and pidginization.*
[42] Henriette WALTER, 1983, La nasale vélaire. Un phonème du français ?
[43] Wolfgang DRESSLER, 1972, On the phonology of language death, p. 454.
[44] Christos CLAIRIS, 1988, Dynamique de la disparition.

Typologie des fluctuations des phonèmes
Tableau récapitulatif

A - Du point de vue des rapports des phonèmes entre eux

entre phonèmes qui présentent une base commune
entre phonèmes qui n'ont pas de base commune

B - Du point de vue des causalités

les pressions du système
les contacts linguistiques

> variétés de la même langue
> langue de prestige avec langue orale
> entre langues orales
> entre langues de prestige
> entre langues de la même ou de différentes familles

les facteurs extralinguistiques

> pouvoir central
> planification linguistique
> écriture
> imaginaire linguistique

C - Du point de vue de la dynamique linguistique

élimination d'une opposition
acquisition d'une opposition
disparition des langues
cas isolés

La tropologie

Une fois les faits de fluctuation ainsi identifiés, on peut se demander si on doit les traiter dans le cadre du chapitre de la phonologie. Ce fut effectivement l'avis de Mary Ritchie Key, qui depuis toujours a présenté les fluctuations comme des faits phonologiques. En revanche André Martinet, Henriette Walter, Jean-Michel Builles et moi-même [45], dès que nous avons commencé à nous occuper du phéno-mène, avons mis l'accent sur le fait que les fluctuations ne peuvent pas faire partie de la phonologie. L'argument maximal est offert par les faits eux-mêmes: les fluctuations ne peuvent affecter qu'**une partie** du vocabulaire, jamais la totalité. C'est-à-dire que les fluctuations existent alors que l'opposition existe. Si ce seuil était franchi, c'est-à-dire, si les fluctuations affectaient l'ensemble des unités significatives au même moment l'opposition disparaîtrait et on n'aurait plus le droit de parler de deux phonèmes distincts. Les fluctuations existent tant que l'opposition existe et si, et seulement si, l'opposition existe. Par conséquent il est impossible de traiter les fluctuations en tant que faits phonologiques.

Mais dans quel chapitre de la linguistique faudrait-il alors envisager le traitement des fluctuations? Il est bien évident que les fluctuations sont des variations de forme de certains monèmes. Ceci fait que Henriette Walter et Jean Michel Builles proposent de les traiter en morphologie [46]. Ils s'appuient tous les deux sur la conception de la morphologie en tant qu'étude des variantes du signifiant d'un même monème, prise de position que nous devons à Martinet. En effet, la morphologie se charge des variations non pertinentes du signifiant, et les fluctuations représentent des alternances non pertinentes. Dans ce sens général leur étude fait partie de la morphologie.

Par ailleurs, l'étude des fluctuations nous a permis de cerner de plus près le domaine de la morphologie. Les faits de morphologie étudiés jusqu'ici sont géné-ralement des variations qui s'imposent automatiquement au locuteur d'une langue sans lui laisser aucune possibilité de faire autrement, aucune marge de manœuvre. Le locuteur a beau savoir que le *verd-* de *verdâtre* est le même monème que le *ver-* dans le syntagme *un tapis vert* il n'a pas la possibilité de dire *verâtre* (!) par pure contrainte morphologique. En revanche, les fluctuations sont par définition des variations libres, les plus libres qui soient. De ce point de vue il est difficile de ne pas les distinguer des autres variations morphologiques, qui, elles, sont obliga-toires.

Cette réflexion m'a conduit au-delà des faits de fluctuation de phonèmes. Je crois comprendre que le choix des formes dans une langue n'est pas toujours prédéterminé par les contraintes structurelles, fût-elle la structure plurielle.

---

[45] Christos CLAIRIS, 1977, Première approche du qawasqar. Identification et phonologie, p. 151: "La fluctuation n'affecte absolument pas le système phonologique".

[46] Henriette WALTER, 1984, Entre la phonologie et la morphologie. Variantes libres et fluctuations, p. 68: "Les *fluctuations*, c'est donc de la morphologie"; Jean-Michel BUILLES, 1986, L'alternance libre de phonèmes en malgache, p. 48: "Ce sont [les fluctuations] des phénomènes morphologiques".

Quand je me réfère aux formes, je les conçois toujours liées au même signifié, ou plus précisément je pense aux formes en tant que signifiant d'un signifié. Dans ce sens, ce que je veux dire c'est que le choix d'un signifié peut, dans certains cas, ne pas impliquer une seule forme. Si mon observation est juste, ceci vaut non seulement pour les monèmes mais pour tout ce qui concerne l'organisaton du discours. Il est ainsi présent dans les langues, en pure synchronie, un espace de liberté où il peut y avoir des variations de formes nullement imposées et sans effet de sens perceptible. Ces variations peuvent concerner aussi bien les unités de la deuxième articulation que les unités de la première articulation; elles peuvent encore concerner l'expression des fonctions syntaxiques. Pour traiter, donc, ce domaine du possible, il m'a semblé utile et fécond de proposer une ligne spécifique de recherche, un chapitre nouveau de la morphologie intitulé **tropologie** que je définis comme **l'étude des variations possibles et non obligatoires:**
> **a) dans le choix des unités de deuxième articulation sans que l'identité des unités de première articulation soit affectée;**
> **b) de la combinaison des unités de première articulation constituant un message ainsi que des marques de fonction sans que l'identité de ce dernier soit affecté.**

Il est, donc, bien entendu que les fluctuations font partie de ces faits tropologiques, qui en tant que tels, contribuent à la dynamique linguistique. Par ailleurs, ils **restent disponibles** pour assumer les rôles les plus divers à des fins stylistiques, poétiques, et autres. Mais nous devons convenir qu'à partir du moment où un fait tropologique devient l'indice de quelque chose, d'un effet de style par exemple, il cesse d'être un fait tropologique en devenant la marque de ce style déterminé.

Dans ce sens Conrad Bureau distingue, à côté des faits stylistiques, des faits tropologiques:

> "On peut penser que certaines de ces latitudes d'expression sont du ressort de la stylistique, que d'autres relèvent d'une tropologie, tandis que d'autres seraient l'objet d'une pragmatique." [47]

De son côté Fotis Kavoukopoulos a montré l'abondance des faits tropologiques dans le domaine de la syntaxe, notamment dans la manifestation de fonctions [48]. Mon propos n'étant pas ici d'insister dans ce domaine, je renvoie à l'ouvrage de Kavoukopoulos où on trouvera dans l'index (p. 1020) un grand nombre de références sur des faits tropologiques.

On voit donc que cette ligne de recherche permet de se charger, au-delà des fluctuations, d'un certain nombre de faits qu'on aurait du mal à bien saisir sans distinguer entre variations obligatoires et variations libres, autrement dit entre une morphologie contextuelle et une morphologie libre que pour ma part j'ai proposé d'appeler tropologie.

---

[47] Conrad BUREAU (rapporteur), 1981, Une stylistique fonctionnelle est-elle possible ?, p. 41.

[48] Fotis KAVOUKOPOULOS, 1988, *Les expansions casuelles et prépositionnelles du prédicat. Essai de syntaxe homérique*, p. 639: "Il nous a semblé possible d'utiliser dans notre analyse le même terme de fluctuation pour désigner, dans l'idiome homérique, la variation non obligatoire et non conditionnée (si ce n'est que par les classes formulaires constituées de la tradition épique ainsi que par leurs modifications, mais en tous cas non pas par une contrainte grammaticale quelconque) d'une partie des procédés d'indication fonctionnelle de l'idiome homérique."

Une relecture du chapitre "Phonologie et Phonostylistique" des *Principes de Phonologie* de Nicolas S. Troubetzkoy (pp. 16-29 de la traduction de Jean Cantineau) à la lumière de la linguistique fonctionnelle que nous pratiquons, me semble intéressante pour mieux comprendre le devenir de certaines idées théoriques et apprécier le chemin parcouru. Dans ce chapitre Troubetzkoy précise, tout en attribuant la paternité de l'idée à Karl Bühler, que toute manifestation parlée a trois faces (p. 16):

> "elle est en même temps une *présentation* (ou une *expression*) du sujet parlant visant à le caractériser, un *appel* à l'auditeur (ou aux auditeurs) visant à produire une certaine impression, et une *représentation* de l'état de choses, objet de l'entretien".

Autrement dit la manifestation parlée, selon Troubetzkoy, se projette sur trois plans: *le plan expressif* qui permet de caractériser le sujet parlant, *le plan appellatif* qui se réfère à "tous les procédés conventionnels qui servent à provoquer des sentiments et des émotions" et *le plan représentatif* qui se réfère à *ce qu'*on dit.

Après s'être demandé si tous ces plans doivent constituer l'objet de la phonologie, Troubetzkoy conclut que la phonologie n'a pas "à être *subdivisée* en phonologie expressive, appellative et représentative" (p. 29). Il propose de réserver le nom de *phonologie* "à l'étude de la face phonique de la langue, de valeur représentative" (p. 29). Par ailleurs, pour étudier les "procédés phoniques d'expression et d'appel" (p. 29) il propose "une branche scientifique particulière, à savoir la *phonostylistique*" qui à son tour peut se subdiviser "en stylistique phonétique et en stylistique phonologique" (p. 29). Dans sa démarche il prend soin de distinguer tout ce qui est naturel de tout ce qui est conventionnel[49]. Il insiste particulièrement sur le fait que seul le conventionnel est à considérer dans le cadre de la "stylistique phonologique".

La linguistique fonctionnelle post-pragoise a donné naissance à plusieurs orientations de recherche qui correspondraient à la phonostylistique de Troubetzkoy. La plupart des faits observés par Troubetzkoy dans le cadre du plan expressif font l'objet de ce qu'on appelle, à la suite d'André Martinet, les "variétés des usages"[50]. Les variétés sociales[51], les variétés régionales[52], les variétés dues à différentes situations de communication (niveaux de langue)[53], les variétés liées aux différences d'âge et de sexe[54] auraient été considérées par Troubetzkoy comme

---

[49] Voir Nicolas S. TROUBETZKOY, 1957 (trad. de Jean CANTINEAU, 1ère éd. 1949), *Principes de phonologie,* p. 21: "Mais on doit se garder de confondre les différences conventionnelles avec celles dont l'origine est naturelle".

[50] André MARTINET, 1960, *Eléments de linguistique générale,* chap. 5.

[51] Cf. TROUBETZKOY, *Principes...,* pp. 21-22: "La langue courante de Vienne sonne dans la bouche d'un fonctionnaire de ministère tout autrement que dans la bouche d'un vendeur de magasin. Dans la Russie prérévolutionnaire les membres du clergé se distinguaient par la prononciation du *g* (comme γ), même s'ils parlaient en général la langue littéraire la plus pure; il existait une prononciation particulièrement "noble" et une prononciation "commerçante" du russe littéraire".

[52] Cf. TROUBETZKOY, *Principes...,* p. 22: "Dans toutes les langues, il existe aussi des différences *locales* dans la prononciation: c'est à ces différences que les gens reconnaissent souvent sur un marché campagnard de quel village provient le sujet parlant".

[53] Cf. TROUBETZKOY, *Principes...,* p. 22: "Un sujet parlant n'a pas besoin d'employer toujours le même style expressif: il se sert tantôt de l'un, tantôt de l'autre, selon le contenu de la conversation, selon le caractère de l'auditeur, et, en bref, conformément aux usages en vigueur dans la communauté linguistique dont il fait partie".

[54] Cf. TROUBETZKOY, *Principes...,* p. 19: "Par ces procédés sont indiqués par ex. l'appartenance à un groupe d'âge déterminé, à une classe sociale, ou encore le sexe, le degré de culture, ou enfin la provenance du sujet

faisant partie de la phonostylistique, notamment l'étude de la fonction expressive de la stylistique phonologique.

La linguistique fonctionnelle qui, dès ses origines considère la langue comme une institution sociale, et qui, comme on vient de le voir, a tenu compte depuis toujours de l'hétérogénéité de la langue en étudiant, notamment, les variétés des usages, n'a pas eu besoin d'avoir recours d'une façon explicite à une appellation comme "sociolinguistique". Mais il est bien entendu que l'activité de recherche qui, à la suite des linguistes américains a été désignée comme "sociolinguistique", correspond, au même titre que les "variétés des usages" de Martinet, à la phono-stylistique de Troubetzkoy.

Dans ce même chapitre de "Phonologie et phonostylistique" Troubetzkoy signale (p. 23) que "Outre les procédés purement expressifs, il en est d'autres qui remplissent en plus une fonction représentative spéciale". À ce propos il précise (p. 23) que toutes les oppositions phoniques ne fonctionnent pas également chez tous les locuteurs et que "il existe dans des cas de ce genre divers systèmes phonologiques (ou phonétiques) dialectaux et du point de vue expressif diverses formes expressives des mêmes systèmes". On trouve dans ces affirmations le germe des préoccupations qui ont conduit André Martinet à dégager le concept fondamental de "synchronie dynamique"[55].

En revanche on ne trouve pas trace ni dans ce chapitre de "Phonologie et phonostylistique" ni dans celui de "Réflexions sur la morphonologie" (pp. 337-341) à des faits qui correspondraient à des variations qui ne sont conditionnées ni par le contexte ni par un usage particulier. Justement pour l'étude de celles-ci j'ai proposé le chapitre de tropologie en tant que domaine spécifique de la morphologie.

---

parlant, toutes particularités essentielles pour la structure interne de la communauté linguistique, ainsi que pour le contenu et la forme de la conversation" et plus bas, toujours p. 19: "Dans les communautés linguistiques peu ou pas différenciées du point de vue social, ce sont surtout les différences d'âge et de sexe qui se manifestent dans la prononciation ou la réalisation de certains sons du langage".

[55] André MARTINET, 1975, *Évolution des langues et reconstruction*, notamment le chap. "Diachronie et synchronie dynamique", pp. 5-10, et André MARTINET, 1989, *Fonction et dynamique des langues*.

MORPHOLOGIE

Morphologie	variantes des signifiants
	position des monèmes

Morphologie	contextuelle variations obligatoires
	libre ou tropologie variations possibles

Position	non pertinente morphologie
	pertinente syntaxe

Position non pertinente (morphologique)	déterminée par le contexte fixe
	libre (tropologique) variable

PHONOSTYLISTIQUE ET TROPOLOGIE

Nicolas TROUBETZKOY

manifestation parlée	plan expressif : *qui* parle
	plan appellatif : sur *quel ton*
	plan représentatif : *ce qu'*il dit

plan représentatif	Phonologie
plan expressif	Phonostylistique
plan appellatif	

Nicolas TROUBETZKOY	**André MARTINET et nous**
Phonologie	Phonologie (phonématique et prosodie)
Phonostylistique	variétés des usages [sociolinguistique] synchronie dynamique prosodie

De la prédictivité

Les faits tropologiques qui participent pleinement de la synchronie dynamique sont également de nature à rendre possible des hypothèses de prédiction sur les tendances évolutives d'une langue. Les recherches de Hélène Béliyanni sur le grec de l'évangile apocryphe de Nicodème[56] et de Dragomira Valtcheva sur le grec médiéval[57] ont pu mettre en évidence l'importance de l'étude des variations libres dans une perspective de synchronie dynamique.

Beliyanni étudiant la dynamique qui a conduit, quelques siècles plus tard, à la disparition de l'infinitif en grec, présente des exemples qui montrent la coexistence dans le même texte de Nicodème de deux types de constructions syntaxiques destinées à satisfaire les mêmes besoins communicatifs, à savoir l'usage de l'infinitif du verbe et l'usage des propositions introduites par le subordonnant fonctionnel ἵνα.

Valtcheva, de son côté, a pu étudier la variation libre des marques de fonctions spatiales dans quatre romans médiévaux byzantins. On y voit, par exemple, que la fonction de "provenance" est indiquée de cinq façons différentes: a) simple génitif, b) prép. ἀπό+génitif, c) prép. ἀπό+accusatif, d) prép. ἐκ+génitif, e) prép. ἐκ+accusatif. Les tendances de la dynamique étudiée, telles qu'elles ressortent des calculs statistiques, prenant en compte l'ensemble des occurrences des expressions spatiales, sont tout à fait concordantes avec l'état actuel du grec. Par exemple, la forme la plus habituelle pour exprimer la provenance en grec contemporain consiste à utiliser la préposition ἀπό+accusatif. Dans les recherches de Valtcheva, cette forme se dégage comme tendance dominante il y a déjà cinq siècles. Ainsi, peut-on dire que la **force prédictive** de ce type de recherches, grâce, entre autres, à cette démonstration *in vitro*, semble se confirmer.

---

[56] Hélène BÉLIYANNI, 1996, L'évolution de l'infinitif en grec. Un cas d'économie linguistique.
[57] Dragomira VALTCHEVA, 2001, Δυναμική τής γλώσσας των βυζαντινών μυθιστορημάτων: οι παραλλαγές στη δήλωση των τοπικών σχέσεων.

2. AU SEUIL DE LA SYNTAXE: LES CLASSES

Les origines

L'identification des unités significatives minimales (USM), les monèmes, est la tâche primordiale pour découvrir, au sein d'une langue donnée, les cristallisations syntaxiques qui rendent possible une mise en relation de ces unités dans le but d'élaborer les messages à communiquer.

Une des premières observations à faire dans ce domaine c'est que toutes ces unités n'ont pas le même comportement du point de vue des relations qu'elles peuvent entretenir. Chacune, indépendamment de son sens et de sa forme propres semble, d'une part, partager avec d'autres certaines habitudes, et d'autre part ne pas entrer en relation avec certains types d'unités significatives. En français, par exemple, une unité comme le déterminant défini *le* peut entrer en relation directe avec un nom, *le crayon,* mais elle est incompatible avec un pronom personnel, **le vous.*

La prise en compte de ce phénomène, c'est-à-dire des possibilités et des contraintes d'assemblage des unités les unes avec les autres, remonte aux toutes premières réflexions sur la langue des philosophes grecs.

Il est intéressant d'en prendre connaissance directement dans les sources. Dans le dialogue du *Sophiste* de Platon, Théétète s'adressant à l'*Étranger*, son interlocuteur dans le dialogue, l'interroge sur ce qu'il faut savoir (ὑπακουστέον: sous-entendre) en ce qui concerne les mots (ici: ὀνόματα).

ΘΕΑΙΤΗΤΟΣ – Τὸ ποῖον οὖν δὴ περὶ τῶν ὀνομάτων ὑπακουστέον "Qu'est ce qu'il faut entendre par noms?"

La réponse de l'Étranger est claire:

ΞΕΝΟΣ – Εἴτε πάντα ἀλλήλοις συναρμόττει εἴτε μηδέν, εἴτε τὰ μὲν ἐθέλει, τὰ δὲ μή "Est-ce que tous peuvent s'assembler ensemble les uns aux autres, ou aucun; ou bien les uns oui, les autres, non?".

Suit l'affirmation de Théétète:

ΘΕΑΙΤΗΤΟΣ – Δῆλον τοῦτο γε, ὅτι τὰ μὲν ἐθέλει, τὰ δ' οὔ "Il est manifeste que les uns, oui, les autres non".

Après avoir donc observé que tout ne va pas avec tout, à savoir donc que les unités significatives entrent en relation entre elles selon ce que nous appellerions compatibilités, on distingue dans la suite du dialogue deux autres catégories de l'expression de l'être (οὐσία) au moyen de la voix, à savoir les noms (ὀνόματα) et les verbes (ῥήματα). Autrement dit, nous sommes en face de la première observation d'une opposition verbo-nominale dans une langue donnée. Notons au passage que pour faire référence à la langue on met en "avant" ce qui marque le plus son identité, à savoir la voix (φωνή), qui donne la possibilité de manifester (δήλωμα) le sens.

Pour une meilleure appréciation de ce qui vient d'être exposé voici un extrait plus complet du *Sophiste* (261c-262e):

ΞΕΝΟΣ: Λόγον δὴ πρῶτον καὶ δόξαν, καθάπερ ἐρρήθη νυνδή, λάβωμεν, ἵνα ἐναργέστερον ἀπολογισώμεθα πότερον αὐτῶν ἅπτεται τὸ μὴ ὂν ἢ παντάπασιν ἀληθῆ μέν ἐστιν ἀμφότερα ταῦτα, ψεῦδος δὲ οὐδέποτε οὐδέτερον.

L'É. [1]: Le Logos donc, d'abord, et la doxa – comme on disait à l'instant – prenons-les, pour nous rendre compte en pleine lumière de ceci: est-ce que leur est lié le non-être, ou bien sont-ils tout à fait vrais ces deux-là, et en aucune façon faux ni l'un ni l'autre?

ΘΕΑΙΤΗΤΟΣ: Ὀρθῶς.

TH.: D'accord.

ΞΕΝΟΣ: Φέρε δή, καθάπερ περὶ τῶν εἰδῶν καὶ τῶν γραμμάτων ἐλέγομεν, περὶ τῶν ὀνομάτων πάλιν ἐπισκεψώμεθα. Φαίνεται γάρ πη ταύτῃ τὸ νῦν ζητούμενον.

L'É.: Allons-y donc; tout comme nous avons déployé le logos autour des eïdè et des lettres, portons le regard en retour de la même façon sur les dénominations. Ce que nous cherchons à présent se montre de cette même manière.

ΘΕΑΙΤΗΤΟΣ: Τὸ ποῖον οὖν δὴ περὶ τῶν ὀνομάτων ὑπακουστέον;

TH.: Qu'est-ce proprement, ce sur quoi nous devons prêter l'oreille?

ΞΕΝΟΣ: Εἴτε πάντα ἀλλήλοις συναρμόττει εἴτε μηδέν, εἴτε τὰ μὲν ἐθέλει, τὰ δὲ μή.

L'É.: Est-ce que tous s'accordent ensemble les uns avec les autres, ou aucun; ou bien les uns oui, les autres, non.

ΘΕΑΙΤΗΤΟΣ: Δῆλον τοῦτο γε, ὅτι τὰ μὲν ἐθέλει, τὰ δ' οὔ.

TH.: Manifeste que les uns, oui, les autres non.

ΞΕΝΟΣ : Τὸ τοιόνδε λέγεις ἴσως, ὅτι τὰ μὲν ἐφεξῆς λεγόμενα καὶ δηλοῦντά τι συναρμόττει, τὰ δὲ τῇ συνεχείᾳ μηδὲν σημαίνοντα ἀναρμοστεῖ.

L'É.: Tu dis à peu près ceci: ce qui est dit en formant une suite et <ainsi> dévoilent quelque chose, cela s'accorde ensemble, mais ce dont la consistance ne montre rien ne s'accorde pas.

ΘΕΑΙΤΗΤΟΣ: Πῶς τί τοῦτ' εἶπας;

TH.: Comment peux-tu dire cela?

ΞΕΝΟΣ:Ὅπερ ᾠήθην ὑπολαβόντα σε προσομολογεῖν, ἔστι γὰρ ἡμῖν που τῶν τῇ φωνῇ περὶ τὴν οὐσίαν δηλωμάτων διττὸν γένος.

L'É.: Nous avons, en effet, pour exprimer vocalement l'être (*ousia*), quelque chose comme deux genres (*semeîon*).

ΘΕΑΙΤΗΤΟΣ: Πῶς;

TH.: De quelle façon?

ΞΕΝΟΣ: Τὸ μὲν ὀνόματα, τὸ δὲ ῥήματα κληθέν.

L'É.: On les appelle soit nom (*onoma*) soit verbe (*rêma*).

ΘΕΑΙΤΗΤΟΣ: Εἰπὲ ἑκάτερον.

TH.: Explique ta distinction.

ΞΕΝΟΣ: Τὸ μὲν ἐπὶ ταῖς πράξεσιν ὂν δήλωμα ῥῆμά που λέγομεν.

L'É.: Ce qui exprime les actions (*práxeis*) nous l'appellerons verbe.

ΘΕΑΙΤΗΤΟΣ: Ναί.

TH.: Oui.

ΞΕΝΟΣ: Τὸ δέ γ' ἐπ' αὐτοῖς τοῖς ἐκείναις πράττουσι σημεῖον τῆς φωνῆς ἐπιτεθὲν ὄνομα.

L'É.: Quant à ceux qui sont à la base de ces actions, le signe vocal qui leur convient est un nom.

---

[1] Trad. d'Auguste Diès, Éditions Les Belles Lettres, Paris, 1925 [partiellement modifiée].

ΘΕΑΙΤΗΤΟΣ: Κομιδῇ μὲν οὖν.

ΞΕΝΟΣ: Οὐκοῦν ἐξ ὀνομάτων μὲν μόνων συνεχῶς λεγομένων οὐκ ἔστι ποτὲ λόγος, οὐδ᾽ αὖ ῥημάτων χωρὶς ὀνομάτων λεχθέντων.

ΘΕΑΙΤΗΤΟΣ: Ταῦτ᾽ οὐκ ἔμαθον.

ΞΕΝΟΣ: Δῆλον γὰρ ὡς πρὸς ἕτερόν τι βλέπων ἄρτι συνωμολόγεις· ἐπεὶ τοῦτ᾽ αὐτὸ ἐβουλόμην εἰπεῖν, ὅτι συνεχῶς ὧδε λεγόμενα ταῦτα οὐκ ἔστι λόγος.

ΘΕΑΙΤΗΤΟΣ: Πῶς;

ΞΕΝΟΣ: Οἷον "βαδίζει" "τρέχει" "καθεύδει", καὶ τἆλλα ὅσα πράξεις σημαίνει ῥήματα, κἂν πάντα τις ἐφεξῆς αὔτ᾽ εἴπῃ, λόγον οὐδέν τι μᾶλλον ἀπεργάζεται.

ΘΕΑΙΤΗΤΟΣ: Πῶς γάρ;

ΞΕΝΟΣ: Οὐκοῦν καὶ πάλιν ὅταν λέγηται "λέων" "ἔλαφος" "ἵππος", ὅσα τε ὀνόματα τῶν τὰς πράξεις πραττόντων ὠνομάσθη, καὶ κατὰ ταύτην δὴ τὴν συνέχειαν οὐδείς πω συνέστη λόγος· οὐδεμίαν γὰρ οὔτε οὕτως οὔτ᾽ ἐκείνως πρᾶξιν οὐδ᾽ ἀπραξίαν οὐδὲ οὐσίαν ὄντος οὐδὲ μὴ ὄντος δηλοῖ τὰ φωνηθέντα, πρὶν ἄν τις τοῖς ὀνόμασι τὰ ῥήματα κεράσῃ. τότε δ᾽ ἥρμοσέν τε καὶ λόγος ἐγένετο εὐθὺς ἡ πρώτη συμπλοκή, σχεδὸν τῶν λόγων ὁ πρῶτός τε και σμικρότατος.

ΘΕΑΙΤΗΤΟΣ: Πῶς ἄρ᾽ ὧδε λέγεις;

ΞΕΝΟΣ: Ὅταν εἴπῃ τις· "ἄνθρωπος μανθάνει", λόγον εἶναι φῂς τοῦτον ἐλάχιστόν τε καὶ πρῶτον;

ΘΕΑΙΤΗΤΟΣ: Ἔγωγε.

ΞΕΝΟΣ: Δηλοῖ γὰρ ἤδη που τότε περὶ τῶν ὄντων ἢ γιγνομένων ἢ γεγονότων ἢ μελλόντων, καὶ οὐκ ὀνομάζει μόνον ἀλλά τι περαίνει, συμπλέκων τὰ ῥήματα τοῖς ὀνόμασι. διὸ λέγειν τε αὐτὸν ἀλλ᾽ οὐ μόνον εἴπομεν, καὶ δὴ καὶ τῷ πλέγματι τούτῳ τὸ ὄνομα ἐφθεγξάμεθα λόγον.

ΘΕΑΙΤΗΤΟΣ: Ὀρθῶς.

TH.: Parfaitement.

L'É.: De sorte que de nominations uniquement dites ensemble il n'y a pas de logos, pas plus que de verbes dits à part des noms.

TH.: Cela, je ne l'avais pas appris.

L'É: Manifeste donc que tu étais d'accord tout à l'heure en visant autre chose; c'est cela que je voulais dire: ce qui est dit formant seulement un bloc n'est pas un logos.

TH.: Comment cela?

L'É.: Par exemple "il marche", "il court", "il dort", et tous les autres verbes, donnent à voir des praxeis, mais si on les dit à la suite, n'en ressort aucun logos.

TH.: Et comment!

L'É.: Et si derechef on dit "lion", "cerf", "cheval", et qu'on nomme ainsi les nominations de ce qui fait les praxeis, en suivant ce simple type d'assemblage, personne n'arrivera à constituer un logos. Car ni ainsi ni comme tout à l'heure aucune praxis ni aucune absence de praxis, ni aucun être d'un étant ni d'un non-étant n'est manifesté par ce que l'on profère, jusqu'à ce que des verbes aient entrecoupé les nominations. Seulement ainsi arrive l'accord: l'entrelacement premier fait aussitôt naître le logos, tout proche des logoi, le tout premier, le tout petit.

TH.: Comment cela?

L'É.: Quand on dit: "L'homme apprend", dis-tu qu'il y a là un logos, tout simple et premier?

TH.: Bien sûr.

L'É.: Il rend manifeste en effet, d'avance, quelque chose à propos de ce qui est, ou devient, ou furent, ou vont être; c'est-à-dire: il ne nomme pas seulement, mais il mène à terme quelque chose, entrelaçant les verbes avec nominations. C'est pourquoi nous avons dit qu'il legei et non pas seulement qu'il dénomme; et cet agencement, nous l'avons appelé logos.

TH.: À bon droit.

ΞΕΝΟΣ: Οὕτω δὴ καθάπερ τὰ πράγματα τὰ μὲν ἀλλήλοις ἥρμοττεν, τὰ δ' οὔ, καὶ περὶ τὰ τῆς φωνῆς αὖ σημεῖα τὰ μὲν οὐχ ἁρμόττει, τὰ δὲ ἁρμόττοντα αὐτῶν λόγον ἀπηργάσατο.	L'É. : Et c'est pareil avec les pragmata: les unes s'accordent, les autres, non, aux appelants de la voix, les uns ne s'harmonisant pas, et les autres s'harmonisant, le logos arrive à lui-même.
ΘΕΑΙΤΗΤΟΣ: Παντάπασι μὲν οὖν.	TH : Oui absolument.

Après la mise en évidence par Platon des *noms* (ὄνομα) et des *verbes* (ῥῆμα) la réflexion d'Aristote sur les genres les plus généraux de l'être, en passant par les Stoïciens, conduira à l'établissement par les grammairiens d'Alexandrie des "parties du discours" (μέρη τοῦ λόγου). Dans ses *Catégories* (chap IV) Aristote distinguait entre les expressions qui signifient: 1) substance, 2) quantité, 3) qualité, 4) relation, 5) lieu, 6) temps, 7) position, 8) possession, 9) action, 10) subir[2].

L'aboutissement de cette catégorisation dans la première grammaire de la tradition occidentale (IIe siècle av. J.C.), celle de Denys le Thrace donnera les huit parties du discours que voici selon la formulation de leur auteur:

τοῦ δὲ λόγου μέρη ἐστὶν ὀκτώ· ὄνομα, ῥῆμα, μετοχή, ἄρθρον, ἀντωνυμία, πρόθεσις, ἐπίρρημα, σύνδεσμος: "La phrase a huit parties: le nom, le verbe le participe, l'article, le pronom, la préposition, l'adverbe, la conjonction" (traduction de Jean Lallot[3]).

Pour illustrer cette thèse on cite le fameux vers d'Homère:

X,59, πρός δ' ἐμε τὸν δύστηνον ἔτι φρονέοντ' ἐλέησον
 prép. conj. prép. art. nom adv. participe verbe

"et puis aie pitié de moi aussi, de moi, le pauvre vieux, qui garde quelque sens encore"[4] (Priam supplie Hector de rentrer à Troie).

L'impact des "parties du discours" dans les siècles qui ont suivi et jusqu'à nos jours est bien connu. Il n'est pas dans mon intention de faire œuvre d'épistémologie et de passer au crible les théories et les pratiques dans ce domaine, ni tout au long de l'histoire, ni en ce qui concerne les courants contemporains de linguistique.

Une chose est sûre cependant. Quelle que soit l'orientation théorique suivie par des spécialistes de toute nature – philosophes, linguistes, philologues, grammairiens et autres –, il est presque impossible de trouver un auteur, ou même un simple usager, qui, s'agissant de faits de langues, n'ait recours, pour s'exprimer, à ces vieux termes de "parties du discours". Tel fut, tel est le succès de termes comme "nom", "verbe", "adjectif", "adverbe", etc. Il est moins sûr qu'on en donne une définition rigoureuse ou même qu'on s'occupe d'en donner une. Dans la mesure où d'une part, l'observation montre que les unités d'une langue ont tendance à se répartir dans des classes différentes, du point de vue de leurs possibilités d'assemblage les unes avec les autres, et que d'autre part, au moins une partie de la terminologie traditionnelle des "parties du discours" s'impose universellement, un effort semble indispensable pour clarifier le débat dans ce domaine et, surtout, pour fixer notre position.

---

[2] Τῶν κατὰ μηδεμίαν συμπλοκὴν λεγομένων ἕκαστον ἤτοι οὐσίαν σημαίνει ἢ ποσόν ἢ ποιόν ἢ πρός τι ἢ ποῦ ἢ ποτὲ ἢ κεῖσθαι ἢ ἔχειν ἢ ποιεῖν ἢ πάσχειν.
[3] Jean LALLOT, 1989, *La grammaire de Denys le Thrace.*
[4] Homère, Iliade, trad. Paul Mazon, Paris.

Qu'est-ce qu'on classifie?

Un premier problème se pose. Il est fondamental. Que classifie-t-on? Traditionnellement on classifie les "mots". Ci-dessus, par exemple, dans l'extrait du *Sophiste*, Platon propose comme ὀνόματα "noms" les termes λέων "lion", ἔλαφος "cerf", ἵππος "cheval", et comme ῥήματα "verbes" les termes βαδίζει "il marche", τρέχει "il court", καθεύδει "il dort". Mais nous savons qu'une analyse linguistique identifie dans chacun de ces "mots" davantage qu'une unité significative. Dans l'exemple des noms, outre l'unité qui signifie chacun des animaux nommés, il y a le signifiant amalgamé du "nominatif" et du "singulier". Si l'on choisissait les mots λέοντος, ἐλάφου, ἵππου on y reconnaîtrait le "génitif" et le "singulier" et si on choisissait λεόντων, ἐλάφων, ἵππων le "génitif" et le "pluriel" en plus du sens lexical des termes. Quant aux mots proposés comme verbes, on voit également qu'ils sont constitués de plus d'une unité: on reconnaîtra dans chacun des exemples (βαδίζει "il marche", τρέχει "il court", καθεύδει "il dort"), outre le sens lexical des termes, le signifiant amalgamé de la "troisième personne" et du "présent".

Si maintenant on examine les termes équivalents en français on verra que la situation se présente différemment. Dans *lion* et *cerf* on aura du mal à reconnaître autre chose que la simple désignation de l'animal. Par ailleurs, les équivalents des "mots" λέοντος, ἐλάφου, ἵππου s'exprimeront en français par deux mots: *de lion, de cerf, de cheval*. La réflexion sur les exemples de verbes donnera des résultats analogues: βαδίζει, τρέχει, καθεύδει s'exprimeront en français par *il marche, il court, il dort*. Si l'on veut classer les "mots" on arrivera à des résultats dont l'hétérogénéité serait injustifiable du point de vue de la réalité des langues. En français, par exemple, on serait amené à classer séparément le mot *de* et le mot *lion*, le mot *il* et le mot *marche* alors qu'en grec ils seraient rangés dans la même classe!

On comprend bien ce qui a amené ceux qui se sont penchés sur les problèmes de langues à vouloir classer les "mots" plutôt que des unités dégagées par la commutation. En fait, dans chaque langue il existe des unités significatives minimales qui ne peuvent jamais apparaître dans le discours, même dans les phrases elliptiques, sans être accompagnées d'une ou plusieurs autres unités qui en général les déterminent. En grec et en latin, par exemple, il est impossible d'exprimer un concept qui se réfère à une personne, un animal ou une chose sans simultanément exprimer aussi le concept du nombre et indiquer la relation que l'élément assume. Et même dans des langues comme l'espagnol, l'italien et d'autres encore on ne peut pas exprimer un concept matérialisé par un verbe sans l'associer simultanément à une personne, tandis que s'agissant du français la chose semble possible. Impossible, en grec, de dire ἐλαφ- "cerf", καθευδ- "dort", de même qu'en latin on ne peut dire *domin-* "seigneur", *am-* "aime". Pour seulement les prononcer, il faudra compléter leur désinence, c'est-à-dire ajouter les déterminants ou connecteurs obligatoires déjà signalés.

Guidés donc par une telle morphologie, qui oblige une **prise simultanée**[5] de plusieurs unités à la fois, la plupart des spécialistes se sont efforcés de classer des "mots".

À partir de la double articulation

Dans une perspective de linguistique générale, il semble nécessaire d'adopter un point de vue qui permet d'introduire des procédures plus objectivables et qui conduit à des résultats typologiquement comparables. Il s'agit de proposer des procédures de découverte applicables aux langues les plus diverses. Pour ce faire, il faudrait s'abstraire de toutes les péripéties de forme (morphologie) que les unités ont pu subir aux différentes phases d'évolution de chaque langue et adopter, dans ce domaine comme pour tout ce qui concerne la syntaxe, comme point de départ les unités significatives minimales (USM/monèmes). Seront assimilées à celles-ci les unités significatives complexes dont le comportement syntaxique est absolument équivalent à celui d'une unité simple, c'est-à-dire les synthèmes et parasynthèmes. Cette prise de position radicale est en conformité avec la théorie de la double articulation, qui constitue en fait le pilier fondamental de toutes les démarches entreprises ici.

Il faudrait, peut-être, expliquer le choix du terme *monème* pour désigner l'unité significative minimale ou le signe linguistique minimum. Il est vrai que ce terme n'est utilisé que par les linguistes qui suivent l'enseignement d'André Martinet et qui ne représentent qu'une minorité de par le monde. On aurait pu choisir le terme de *morphème* qui a l'avantage d'être beaucoup plus répandu. Cependant la définition du monème comme "un effet de sens correspondant à une différence formelle"[6] ne coïncide nullement avec l'usage qui est fait de *morphème*. Le morphème reste trop lié à la forme et renvoie avant tout à un segment de l'énoncé. Or, la définition du monème permet d'une part la prise en charge des avatars du signifiant tels que les *amalgames* et la manifestation *discontinue* du même signifié, d'autre part, une fois identifié, met au premier plan le signifié, qui est le seul qui importe. Opter pour le terme morphème en le redéfinissant risquerait de contribuer à la confusion. De toute façon, dans un cas comme dans l'autre, on a affaire à des termes techniques qui n'ont de sens que dans le cadre d'une théorie spécifique. Si l'on pense que le terme de monème présente une certaine difficulté pour un public de non spécialistes on peut toujours se contenter d'utiliser l'expression *signe minimum* ou encore, à l'écrit, l'abréviation *USM* (unité significative minimale).

---

[5] Pour désigner ce type de syntagmes, qui souvent correspondent aux "mots", on a forgé le terme de *syllemme* à partir de la préposition grecque συν "avec" et du substantif λῆμμα dérivé du verbe λαμβάνω "prendre" d'où σύλλημα/syllemme. Voir André MARTINET, 1985, *Syntaxe générale*, §§ 1.4 et 3.60 (pp. 9 et 83-84).

[6] André MARTINET, 1985, *Syntaxe générale*, p. 33.

Les critères pour la découverte des classes

On verra que les spécialisations acquises par les unités significatives minimales, organisées pour former un message, résultent de leur capacité à entrer en relation avec telle ou telle autre unité, indépendamment de la nature de cette relation. Cette réalité est prise en charge par Martinet qui propose[7] de classer ensemble, dans une langue donnée, les monèmes qui présentent les *mêmes compatibilités* – axe syntagmatique – à la condition qu'ils s'excluent mutuellement – axe paradigmatique – à un même point de la chaîne. Cette proposition, que nous avons faite nôtre, n'est pas sans poser un certain nombre de problèmes, quand on veut l'appliquer à l'analyse et à la description des langues. Il faut d'abord rappeler que Martinet lui-même avait adopté au départ une position qui intégrait les fonctions comme critère identificatoire des classes[8]. De nombreux disciples de Martinet, dont Denise François-Geiger, sont restés attachés à cette position initiale. On voit périodiquement resurgir cette position dans les écrits de fonctionnalistes de tous bords. L'auteur de ces lignes reste convaincu que les fonctions ne doivent pas intervenir comme critère identificatoire pour l'établissement des classes syntaxiques; on doit les considérer pour ce qu'elles sont, c'est-à-dire des variétés de certaines compatibilités[9] comme c'est le cas, en français, de la compatibilité nom-verbe.

Ceci dit, la manière dont Martinet et son équipe appliquent les critères de compatibilités et d'exclusion mutuelle dans la *Grammaire fonctionnelle du français*, publiée en 1979, ainsi que le traitement de ces questions dans de nombreuses thèses de doctorat consacrées à la description des langues les plus diverses appelait à quelques précisions[10] théoriques et méthodologiques supplémentaires.

Dans le cadre d'une théorie de l'établissement des classes syntaxiques d'unités significatives minimales j'ai défini[11] la *compatibilité* comme la faculté de deux ou plus de deux monèmes ou synthèmes d'une langue donnée d'être employés ensemble et liés dans une relation syntaxique. La position des unités n'est ni un critère *a priori* ni une contrainte formelle pour déterminer les compatibilités; seule compte la possibilité ou l'impossibilité de coexister dans un rapport de détermination. Peu importe si la marque de ce rapport est la position, un connecteur, une variante particulière du signifiant de l'unité ou encore autre chose. Ceci permet de ne pas confondre le terme de compatibilité avec les termes de combinabilité ou combinaison utilisés surtout par les distributionnalistes américains. Il est bien entendu qu'il s'agit de compatibilités syntaxiques, de classes compatibles avec d'autres classes, et que les incompatibilités sémantiques, qui peuvent naturellement se

---

[7] André MARTINET (dir.), 1979, *Grammaire fonctionnelle du français*, § 1.12; voir aussi tout le chapitre "Les classes de monèmes" *in* André MARTINET, 1985, *Syntaxe générale*, pp. 105-157.

[8] André MARTINET, 1969, Analyse linguistique et présentation des langues.

[9] André Martinet dans le débat du 15 mai 1991 "Autour de la Grammaire Fonctionnelle du Français" *in* Christos CLAIRIS (dir.), 2005, *Travaux de linguistique fonctionnelle*, p. 17 les désigne comme "variantes de compatibilités". Le terme de "variante" faisant trop allusion à la morphologie, suivant les conseils de Françoise Guerin, j'ai préféré l'éviter.

[10] Voir entre autres Christos CLAIRIS (dir.), 2005, *Travaux de linguistique fonctionnelle*; Fernand BENTOLILA (coord.), 1988, Autour du verbe, ainsi que les différents *Actes* des colloques de la SILF.

[11] Christos CLAIRIS, 1984, Classes, groupes, ensembles, p. 5.

faire jour entre une unité et une autre feront partie de l'étude du lexique sans que cela puisse affecter l'établissement des classes grammaticales.

Il faudrait tout de suite signaler que ce qu'on désigne dans cette définition comme *relation syntaxique* ne se confond nullement avec ce que représente une *fonction*. En fait, *relation syntaxique* est utilisé comme un hypéronyme qui couvre, dans le cadre de la subordination, aussi bien une *détermination simple*, qu'une détermination qui représente une *fonction*. Dans le cas d'une détermination simple il ne peut y avoir qu'un seul type de rapport fondamental[12], entre les deux unités reliées, l'une déterminant l'autre; on parlera donc d'un rapport *unirelationnel*[13]; c'est le cas, par exemple en français, de la relation qu'entretient l'article avec le nom, ou le monème du passé avec le monème verbal.

En revanche, quand entre deux classes d'unités il peut y avoir plus d'un type de rapport, il est alors nécessaire d'expliciter ce rapport en indiquant la fonction qui relie les unités. Le terme de fonction sera donc réservé pour désigner la nature du rapport entre deux unités qui peuvent entretenir entre elles plus qu'un type de rapport, auquel cas au moins une d'entre elles doit appartenir à une classe *plurifonctionnelle*, comme, par exemple, le nom et le verbe en français. Il faut cependant ajouter que l'identification d'une fonction n'a de sens que si elle est faite à partir d'un noyau central (prédicat).

relation syntaxique de subordination	
détermination simple	**fonction**
Un seul rapport fondamental possible	Plus d'un rapport possible autour d'un noyau central

Outre les classes plurifonctionnelles, on distinguera des classes *unirelationnelles* dont les unités entretiennent un rapport de détermination simple avec une seule classe, comme, par exemple, les modalités verbales avec le verbe en français, et des classes *plurirelationnelles* dont les unités peuvent entretenir un rapport de détermination simple avec plus d'une classe, comme, par exemple, les adjectifs avec les verbes connectifs et les noms en français.

Les précisions qu'on vient d'apporter en ce qui concerne la relation syntaxique signifient qu'au moment de la recherche des compatibilités on ne se soucie pas d'identifier la nature du rapport de détermination, qu'il s'agisse d'une détermination simple, ou d'une détermination par l'intermédiaire d'une fonction.

Telle que nous la concevons, l'opération de l'identification des classes est une **procédure de découverte** fondée sur l'application de critères établis. Or, par le passé et aujourd'hui encore, ici et ailleurs, la plupart des gens, spécialistes ou non, réagissent comme si les "noms", les "verbes", les "participes", les "articles", les "pronoms", les "prépositions" les "adverbes", les "conjonctions", c'est-à-dire

---

[12] On stipulera que les nuances sémantiques, établies par une "détermination sélective" ou "détermination parenthétique", ainsi que par une apposition, représentent toujours le même rapport fondamental d'une détermination simple et non d'une fonction. Voir, au sujet de ces déterminations, André MARTINET, 1985, *Syntaxe générale*, §§5.10 et 5.11.

[13] Cf André MARTINET, 1977, Les fonctions grammaticales, p.13: "fonction unique équivaut à aucune fonction".

les "parties du discours" établies par les grammairiens alexandrins, étaient des réalités universelles et panchroniques dont il s'agirait de vérifier – et dans les meilleurs des cas justifier – la présence ou l'absence dans telle ou telle langue. L'attraction et le pouvoir, presque sacrés, de ces termes sont tels qu'on ne peut faire référence à la description linguistique d'une langue quelconque sans en faire usage. Il serait difficile de renoncer à les utiliser sauf à accepter le risque de rester sans interlocuteur. En revanche, tout chercheur devrait s'imposer, en toute rigueur, de définir ou redéfinir les termes utilisés, dans un effort de scientificité, notamment à l'intérieur d'une orientation théorique donnée.

Avant de se lancer dans une telle procédure de découverte, il est nécessaire d'avoir conscience des limites d'une telle classification syntaxique, ainsi que de l'intérêt qu'elle représente pour la description grammaticale d'une langue. De toute évidence le groupement des unités significatives dans des classes trouve son origine dans les virtualités sémantiques de leur signifié, qui les prédestinaient à des rôles précis au sein d'un énoncé. La fréquence de ces usages, déterminée par les besoins communicatifs, a conduit à des cristallisations qui manifestent un premier niveau de structuration syntaxique et une économie considérable dans le fonctionnement des langues. Cette économie, bien sûr, est inhérente au fonctionnement de la langue, mais sa découverte permet aussi une description économique de ce fonctionnement. Car, dès lors qu'on a mis en évidence le comportement syntaxique d'une classe tout entière, il n'y a pas besoin de répéter ces informations pour chaque unité/membre de la classe en question.

Néanmoins, il faut savoir que quels que soient les critères choisis, il y aura toujours une quantité importante d'unités qui résisteront au classement. Il s'agit d'unités qui présentent un comportement individuel particulier et vouloir leur appliquer des critères de classification, nous mènerait à un émiettement des classes. Or, la classification n'est informative que si l'on ne franchit pas un certain seuil quantitatif [14].

Par conséquent, si l'intérêt de la découverte et de l'établissement des classes est indéniable, la question importante qui se posera à tout chercheur dans son face à face avec une langue est de décider quand et comment arrêter la classification, ce qui veut dire que le maniement des deux critères proposés requiert un certain talent de linguiste. On reviendra là-dessus.

De la méthode

Aujourd'hui, après quelques décennies de recherches dans ce domaine, on est en mesure de formuler quelques recommandations méthodologiques. On ne saurait assez insister sur le fait que tout travail sur la première articulation d'une langue et, par conséquent, sur son analyse syntaxique doit absolument débuter par l'identification de ses monèmes (USM). On sait par expérience, sans en faire une

---

[14] Bien entendu les choses se présentent différemment s'il s'agit de construire un programme informatique pour un traitement automatique de texte, traduction ou autre, auquel cas l'émiettement des classes provoqué par une classification poussée ne présenterait aucun inconvénient pour la machine.

exigence universelle, que dans toutes les langues du monde on rencontrera trois types d'USM qu'il sera fondamental de distinguer avant tout autre effort de classification:

1) Des unités qui peuvent en déterminer d'autres et qui peuvent elles-mêmes être déterminées; des monèmes, à la fois déterminants et déterminables. Il s'agit, en général, de la catégorie la plus nombreuse. En français, par exemple, le monème *table* dans:

> *une belle table*

est déterminé par *une* et *belle* tandis que dans:

> *j'ai acheté une table*

table détermine le monème verbal "acheter".

2) Des unités qui peuvent en déterminer d'autres sans qu'elles-mêmes puissent être déterminées; des monèmes, uniquement déterminants, mais non déterminables, dont l'apparition dans un énoncé est subordonnée à la **présence d'un autre monème** qui leur servira de support. On s'accordera, après Martinet, à les désigner comme des *modalités*.

En français, par exemple, le monème du "passé" dont le signifiant a la forme /-è/ en combinaison avec les personnes 1, 2, 3 et 3 pl. et la forme / -i-/ avec les personnes 4 et 5 ne peut apparaître qu'en tant que déterminant d'un monème verbal.

Les modalités constituent généralement des inventaires fermés et peuvent être considérées comme des monèmes grammaticaux de la langue du fait de leur grande fréquence dans le discours. On sait, par ailleurs, notamment par la théorie de l'information, que plus la fréquence de l'usage d'une unité augmente plus sa charge d'information diminue. Autrement dit, l'information, c'est-à-dire l'apport sémantique d'une unité, est inversement proportionnel à sa fréquence. Il sera donc souvent assez difficile de fixer avec précision le sens de ces unités grammaticales, car il sera constamment sous une forte dépendance du contexte linguistique.

3) Des unités dont le rôle consiste à en relier deux autres, soit dans un rapport de détermination, soit dans un rapport de coordination. L'usage prototypique de ces unités dans un énoncé **implique l'existence de deux autres** qu'ils relient. On les désignera par le terme générique de *connecteurs*[15]. Sans restriction d'appartenance à une seule catégorie, on distinguera parmi les connecteurs, selon les cas, entre: a) connecteurs reliant un monème déterminant à un noyau non prédiqué (*le bureau de mon père*); b) connecteurs reliant un monème déterminant à un noyau central (*je vais à l'école, pater filium amat*); c) connecteurs subordonnants, reliant un monème déterminant, employé comme noyau (prédicatoïde d'une proposition subordonnée), à un noyau central (prédicat), (*je vois qu'il arrive*); d) connecteurs coordonnants (*un élève intelligent et très sportif*).

De même que les modalités, les connecteurs font généralement partie d'un inventaire fermé et sont donc à considérer comme des éléments grammaticaux

---

[15] Pour désigner ce type d'unités, le terme de "connecteur" est préférable à celui de "monème fonctionnel" proposé par Martinet, dans la mesure où la relation indiquée par ces monèmes ne correspond pas toujours à une fonction syntaxique.

dont le sens reste souvent très dépendant du contexte. C'est le cas d'un monème comme le *génitif* en grec ou la préposition *de* en français.

Lexique et syntaxe

Il faut signaler un problème particulier qui apparaît au moment de l'identification des monèmes et qui concerne les unités complexes, constituées de plus d'un monème, dont le comportement, en ce qui concerne l'établissement des classes, équivaut à celui des unités significatives minimales: il s'agit de *synthèmes*[16] et *parasynthèmes*[17]. En effet, pour satisfaire aux besoins sans cesse renouvelés de communication, toute langue dispose de différents moyens pour enrichir son vocabulaire en combinant ses unités significatives. Elle crée ainsi de nouveaux termes qui font partie intégrale de son lexique.

Si l'on conçoit les monèmes d'une langue comme des éléments d'un ensemble, on observera que, pour enrichir et renouveler *leur propre stock*, les monèmes se combinent pour former des unités nouvelles. Les résultats de ces combinaisons sont des unités complexes qui sont destinées à jouer dans le discours le même rôle que les unités simples et qui, bien que complexes, fonctionnent comme un tout. On se trouve, dans les cas de ce type, au niveau du **lexique**.

Par ailleurs, les unités du lexique, simples ou complexes, entrent en relation selon un programme propre à chaque langue qui se manifeste généralement comme une organisation hiérarchisée autour d'un *noyau central (prédicat)*. Le but de cette opération, qui relève de la **syntaxe**, est de pouvoir reconstituer, dans la linéarité de l'énoncé, les relations existant entre les éléments de l'expérience, véhiculés, ici, par les éléments du lexique. Dans ce domaine qui est celui de l'axe syntagmatique, par opposition à l'axe paradigmatique du lexique, la hiérarchie syntaxique peut conduire à l'identification des ensembles des unités du lexique, qui se trouvent, dans un discours donné, plus étroitement liées entre elles qu'avec le reste. On appellera *phrase*[18] l'ensemble constitué par un *noyau central (prédicat)* et les éléments dépendant de lui, *syntagme* un ensemble constitué par un noyau, ses déterminants et éventuellement le connecteur qui le lie aux autres éléments de l'énoncé, ou bien *syllemme* le syntagme dont les déterminants sont exclusivement des modalités.

Cette distinction entre lexique et syntaxe étant posée, on rappellera que le concept de *synthème* est indispensable pour désigner toute unité du lexique constituée de deux ou plusieurs monèmes, mais dont le comportement est identique à

---

[16] Pour une bibliographie complète sur le synthème, voir Jeanne MARTINET, 1999, Le synthème, bibliographie.

[17] Sur le parasynthème, voir notamment Christos CLAIRIS, 1991, Le parasynthème ce méconnu, et André MARTINET, 1985, *Syntaxe générale,* § 3.10.

[18] On peut aussi définir la phrase comme le rayon d'action d'un seul noyau central, ou encore d'une façon plus complète, comme le fait André Martinet dans la *GFF,* § 1.25, comme "l'ensemble des monèmes qui sont reliés par des rapports de détermination ou de coordination à un même prédicat ou à plusieurs prédicats coordonnés".

celui d'un monème unique. Deux conditions *sine qua non* ont été retenues comme identificatoires du synthème [19]:

a) l'impossibilité de déterminer individuellement les monèmes constituant un synthème, ce qui revient à dire que toute détermination porte sur l'ensemble des éléments, et

b) l'obligation pour tout synthème de s'intégrer à une classe préétablie de monèmes, ce qui veut dire qu'un synthème présente les mêmes compatibilités qu'un monème unique appartenant à la même classe syntaxique.

Il s'est avéré, que le lexique des langues, à côté des monèmes et des synthèmes comporte un troisième type d'unités. Il s'agit d'unités complexes qui répondent au premier critère identificatoire des synthèmes, à savoir l'impossibilité de déterminer individuellement les parties qui les composent. De ce point de vue, ces unités complexes se comportent comme un tout unique, exactement comme les synthèmes, d'où le besoin de les considérer dans le cadre du lexique. Syntaxiquement elles ont des compatibilités qui leur sont propres, qui ne coïncident avec aucune classe de monèmes. Autrement dit, ces complexes ne sont pas intégrables à une classe de monèmes, ce qui veut dire qu'il n'y a pas de monèmes simples présentant les mêmes compatibilités.

Ce qui vient d'être exposé implique trois choses :

1) qu'on ne peut pas considérer ces unités complexes comme des synthèmes parce qu'elles n'obéissent pas au second critère identificatoire des synthèmes; en effet elles ne peuvent s'intégrer à aucune classe de monèmes simples;

2) que les éléments [20] qui s'ajoutent à un monème pour constituer le complexe parasynthématique sont bien des *affixes* et non pas des modalités. Dans ce sens la formation des parasynthèmes fait partie de la synthématique au sens large du terme.

Ici, il y a lieu de préciser que, dans ce cadre théorique, le terme d'*affixes (préfixes, suffixes, infixes)* est réservé aux éléments de dérivation. Il s'agit de monèmes *toujours conjoints*, c'est-à-dire de monèmes qui n'apparaissent que dans le cadre des synthèmes et pour lesquels on ne prévoit pas des classes particulières. En revanche, les modalités, qu'il ne faut justement pas confondre, indépendamment de leur forme, avec les affixes, sont des éléments *non-conjoints* (syntaxiquement "libres") qu'on ne rencontre que dans le cadre des syntagmes.

3) que dans la mesure où leur statut correspond à celui d'une unité du lexique et qu'elles ont des compatibilités qui leur sont propres, il est nécessaire d'envisager des classes syntaxiques uniquement constituées par ce type d'unités. On aura donc au moment de la présentation de l'inventaire des classes d'une langue, à côté des classes de monèmes, des classes **uniquement** constituées par des *parasynthèmes*, nom donné à ce type d'unité.

---

[19] André MARTINET (dir.), 1979, *Grammaire fonctionnelle du français*, p. 234 et André MARTINET, 1985, *Syntaxe générale*, p. 37 : "On appellera synthème un signe linguistique que la commutation révèle comme résultant de la combinaison de plusieurs signes minima, mais qui se comporte vis-à-vis des autres monèmes de la chaîne comme un monème unique. Ceci implique 1° qu'il a toutes les compatibilités des monèmes d'une certaine classe, et 2° qu'aucune de ses parties constitutives n'entre dans des rapports particuliers avec un monème qui ne fait pas partie du synthème".

[20] Il s'agit bien des éléments de dérivation qui s'ajoutent à une base (un monème) appartenant à une classe syntaxique déjà établie.

Malgré le choix de la plupart des fonctionnalistes de se montrer économes en matière d'innovation terminologique, dans le cas du parasynthème, c'est la réalité des langues elles-mêmes qui amène à distinguer ces unités qui ne peuvent être assimilées ni aux monèmes, ni aux synthèmes et qui ne peuvent nullement être analysées comme des syntagmes, étant donné qu'au moins un de leurs constituants est un monème toujours conjoint. Évidemment on peut reconnaître parmi les composants d'un parasynthème des monèmes qui appartiennent par ailleurs à une classe bien établie de la langue. Le fait que dans la plupart des cas observés on retrouve parmi les compatibilités du parasynthème certaines de celles de la classe à laquelle appartient un de ses composants a pu conduire les grammairiens à présenter ces réalités linguistiques, qu'aujourd'hui nous reconnaissons comme des parasynthèmes, comme faisant partie de la même classe grammaticale que leur composant de base.

Ce fut le cas, par exemple, du participe du grec ancien qu'on a présenté comme faisant partie de la classe verbale. Cependant il s'agit là d'un cas très clair de parasynthème avec des compatibilités particulières que ne présente aucune autre classe du grec, à savoir: il est compatible avec les modalités d'aspect et de temps – ce qui a permis de le rattacher au verbe –; en revanche, il est incompatible avec les indices de personnes et compatible avec les connecteurs casuels.

Il faut rappeler, ici, qu'une classe syntaxique s'identifie par l'ensemble de ses compatibilités – et non une partie de celles-ci – et que rien n'empêche que deux classes, ayant au moins une compatibilité différente, et partageant par ailleurs les mêmes compatibilités, soient des classes distinctes. Exactement comme en phonologie un trait pertinent suffit pour différencier deux phonèmes qui présentent par ailleurs des traits pertinents identiques.

Une fois le concept de parasynthème établi, il faut bien se garder de considérer que le parasynthème est simplement une étiquette nouvelle pour désigner uniquement les "hybrides" traditionnels, tels que le participe ou l'infinitif des langues indo-européennes. Avec le parasynthème on dispose d'un outil de travail, issu du besoin de tenir compte d'un certain type d'unités du lexique qu'on peut rencontrer dans toute langue et sans restriction de classe d'appartenance de leurs éléments de base.

Avant de clore ce paragraphe il est peut-être intéressant de signaler qu'avec le temps, les locuteurs cessent souvent d'avoir conscience de la complexité de ces unités et les conçoivent comme des unités simples, en d'autres termes les synthèmes et parasynthèmes ont tendance à devenir des monèmes. Peu de Français, aujourd'hui, reconnaîtront dans les termes comme *fenaison* ou *nation* des synthèmes. On peut donc signaler une certaine circularité dans le processus d'enrichissement d'une langue, les synthèmes devenant monèmes, pour former à leur tour de nouveaux synthèmes et ainsi de suite.

À la recherche d'une opposition verbo-nominale

Après avoir effectué un premier balayage qui permettra de différencier les trois types de monèmes [21] indiqués ci-dessus, il conviendra, pour des raisons de métho-de, de commencer la recherche des compatibilités en prenant comme point de départ les modalités et les connecteurs. L'étude des modalités, en particulier, nous mettra sur la piste des classes les plus importantes de la langue et en premier lieu permettra d'affirmer ou d'infirmer la présence d'une opposition verbo-nominale.

On stipule que la présence d'une classe verbale dans une langue donnée se ma-nifeste, si, et seulement si, les unités significatives minimales susceptibles d'appar-tenir à cette classe sont le support exclusif de déterminants grammaticaux spéci-fiques, désignés dès lors comme modalités verbales. En d'autres termes, le test de diagnostic pour constater que la cristallisation en classe verbale a bien eu lieu est la présence de modalités spécifiques qui seraient liées à **une seule classe à vocation prédicative exclusive.** Il est donc clair que la seule présence des moda-lités qui déterminent plusieurs classes susceptibles d'être employées comme no-yau central (prédicat) d'un énoncé n'est pas considérée comme suffisante pour conclure à l'existence d'une classe de monèmes verbaux. Cette stipulation est nécessaire et trouve tout son sens, entre autres, pour clarifier la caractérisation typologique des langues.

La coexistence : restriction et imposition de coexistence

Le critère de l'exclusion mutuelle appelle à des précisions en ce qui concerne la *coexistence* [22] des éléments. Tout d'abord les unités susceptibles d'appartenir à la même classe ne peuvent pas coexister sur le même point de la chaîne; au contraire prendre en compte le critère d'exclusion mutuelle signifie que, parmi les unités appartenant à une classe, on puisse en choisir une [23] au point précis de la chaîne. Mais il faut absolument tenir compte du fait qu'entre deux ou plus de deux classes qui partagent les mêmes compatibilités tout en restant distinctes grâce au critère de l'exclusion mutuelle, il peut y avoir trois types de comporte-ment du point de vue de leur coexistence dans le discours. À titre d'exemple, soient les classes B et C, compatibles avec la classe A, en tant que déterminants de celle-ci.

Une première possibilité consiste à ce que les classes B et C puissent déter-miner la classe A simultanément, c'est-à-dire sans *aucune restriction de coexis-tence* [24]

---

[21] a) déterminants et déterminables; b) modalités; c) connecteurs.

[22] Martinet utilise le terme de *co-présence* pour la même notion: voir AM, *Syntaxe générale*, § 5.7., pp. 110-111.

[23] Sauf cas de coordination.

[24] C'est le cas de deux classes de modalités verbales du français selon l'analyse de Fernand Bentolila qui peuvent déterminer simultanément ou séparément le monème verbal: Fernand BENTOLILA (dir.), 1998, *Systèmes verbaux,* pp. 26-27.

Un deuxième cas de figure serait que la classe A ne puisse pas être déterminée, en même temps, par les classes B et C; la détermination par l'une exclurait la détermination, au même moment, par l'autre; on parlera dans ce cas de *restriction de coexistence*[25] entre les classes B et C.

Finalement, un troisième type de comportement se manifeste quand l'usage d'une unité de la classe A implique à la fois, d'un point de vue de la syntaxe la présence d'une unité de la classe B et/ou C et, d'un point de vue morphologique l'inséparabilité formelle des éléments en question. Dans ce cas, et seulement dans ce cas, on parlera d'*imposition de coexistence*[26].

Ainsi en espagnol nous avons affaire à une imposition de coexistence de la classe verbale avec la classe de la personne, puisque dans cette langue un monème verbal reste morphologiquement inséparable d'un monème de personne; ceci, bien sûr, n'est pas le cas du français. Les deux critères, syntaxique et morphologique, qui définissent l'*imposition de coexistence* permettent de ne pas confondre celle-ci avec le phénomène, tout autre, d'*actualisation* en syntaxe. L'actualisation, mise à part le fait qu'elle n'implique aucune restriction morphologique, n'est pas liée non plus avec une classe déterminée. L'actualisateur d'un monème verbal en français, par exemple, peut être aussi bien un pronom, un nom ou encore un autre élément.

Des exemples qui illustrent l'imposition de coexistence sont offerts, entre autres, par les monèmes de la classe nominale du latin et du grec. Dans ces deux langues, un monème nominal est obligatoirement accompagné par un monème connecteur casuel et par le monème (modalité) du nombre, de sorte qu'il est impossible d'obtenir naturellement de la bouche d'un locuteur des signifiants comme *anthrop-* ou *domin-* mais uniquement des formes comme *anthropos, anthropu,* etc. *dominus, domini,* etc. Nul doute cependant qu'il s'agit là de syntagmes[27] à part entière, l'indissociabilité des éléments étant due à des caractéristiques morphologiques des langues en question, comme le prouve la comparaison typologique avec d'autres langues de la même famille où le fonctionnel casuel se manifeste formellement délié de la base lexicale: *anthropu - de [l']homme.*

Si on se place maintenant du côté des monèmes grammaticaux – modalités ou connecteurs – on observe que, dans une langue donnée, il peut arriver que certaines unités grammaticales ne puissent jamais déterminer une classe de monèmes simples mais qu'elles s'appliquent toujours à un complexe de monèmes. Par exemple, des monèmes faisant partie d'une ou plusieurs classes X, Y… ne peuvent déterminer les monèmes de la classe A que si les monèmes de la classe A sont déterminés au préalable par les monèmes d'une classe K. On peut même ajouter qu'il peut y avoir une ou plusieurs autres classes grammaticales Z, W… qui ne pourraient déterminer cette même classe A si celle-ci n'est pas au préalable déterminée par une classe L[28]. On pourra donc concevoir l'imposition de coexistence

---

[25] Christos CLAIRIS, 1984, Classes, groupes, ensembles, pp. 8-9.

[26] Christos CLAIRIS, 1999, Soulevons le "lièvre"….

[27] Ou, si on préfère, des syllemmes constitués par un élément lexical, une modalité et un connecteur.

[28] Par exemple, les monèmes faisant partie des modalités nominales de l'arabe, représentés ci-dessus par les classes X, Y…, ne peuvent déterminer le monème/racine lexical / ktb / "concept de l'écrit" que si celui-ci est déterminé au préalable par un schème précis, représenté par K dans notre formulation, *kitab* "livre". Les modalités

comme la caractéristique de certaines classes de monèmes, d'impliquer la présence d'une ou plusieurs déterminations grammaticales pour fonctionner dans le discours.

Il doit être clair par ailleurs que le concept d'imposition de coexistence est conçu dans le cadre de la syntaxe et non pas de la synthématique. Les déterminations grammaticales impliquées dans des cas pareils fonctionnent, en synchronie, comme des modalités et non pas comme des affixes. Les syntagmes qui en résultent ne doivent pas être confondus avec les parasynthèmes, qui, eux, sont des éléments dérivés. Dans le cas des parasynthèmes on a, en général, affaire à une base lexicale, qui peut parfaitement fonctionner comme élément indépendant, en dehors du parasynthème, avec ses propres compatibilités. Les parasynthèmes enrichissent le lexique d'une langue et font partie de la synthématique. Or, les unités qui résultent de l'imposition de coexistence sont des unités qui se forment *ad hoc* par la langue en état de fonctionnement et leur étude relèvera de la syntagmatique.

Le concept d'imposition de coexistence pourrait permettre de rendre compte aussi bien de la présence obligatoire des connecteurs casuels et de la modalité du nombre dans le cas du nom en grec et en latin, que de la présence obligatoire de l'aspect dans tout syntagme verbal du grec ou encore des schèmes particuliers dans le cas du monème représentant la racine des langues sémitiques.

Classes, ensembles, groupes

Quelques précisions sont aussi nécessaires pour la mise en œuvre du critère de compatibilité. Il va de soi que la vocation exclusive ou occasionnelle des unités à être employées comme noyau central fait partie de leurs compatibilités et il est même intéressant qu'elle soit indiquée dès le début de la présentation d'une classe. Ensuite il faudrait distinguer soigneusement entre les compatibilités où les monèmes sont déterminants et celles où ils sont déterminés. Par ailleurs on désignera comme *compatibilités spécifiques* celles qui indiquent un rapport particulier avec une classe, comme c'est le cas des modalités verbales en français.

Ainsi qu'on l'a signalé plus haut, la recherche des compatibilités, qui ne se confond pas, bien sûr, avec une recherche mécanique de combinaisons, est une entreprise délicate qui ne peut pas s'exercer sans un certain talent de chercheur. Cette exigence n'enlève rien au grand avantage offert par les compatibilités en tant qu'outil méthodologique efficace pour la découverte des classes, mais elle fait référence au maniement difficile de cet outil. En fonction de la langue étudiée et du but recherché il appartiendra au chercheur de savoir où s'arrêter dans l'identification des classes. Il doit savoir que, comme toujours quand on travaille sur une langue, il faut faire feu de tout bois.

---

verbales (Z, W…) à leur tour ne peuvent déterminer ce même monème/racine (A) que si celui-ci est déterminé par un autre schème précis (L), *kataba* "écrire".

Après avoir identifié les grandes classes – ou macro-classes[29] – dont l'établissement sera rendu possible en ayant choisi comme point de départ les classes des modalités et des connecteurs, dans la suite du travail il est hautement probable de rencontrer des unités ayant un comportement très individuel – conséquence, bien sûr, de leur charge sémantique – qui résisteront au regroupement en classes. On a donc intérêt, dans ces cas, à ne pas pousser à fond l'analyse de classification[30] et de se contenter de les regrouper, si besoin, selon des critères qui peuvent varier et qui sont à trouver pour chaque cas précis.

On désignera ce dernier type de regroupement du terme *ensemble* pour éviter toute confusion possible avec les classes. C'est, par exemple, le cas des adverbes en français, qui, dans la *G.F.F.* ont été présentés expressément comme ne formant pas une classe unique.

Une telle contrainte est loin d'être de nature à mettre en cause la démarche même d'identification des classes; elle confirme plutôt le fait que dans toute langue, et à tous les niveaux de son analyse, il y a un centre fortement structuré et des parties moins structurées. Ceci fait partie de la nature même des langues.

Un autre moyen, de nature toute différente, pour éviter l'émiettement des classes c'est d'avoir recours au concept de *transfert*[31] qui désigne l'emploi d'une unité, appartenant ès qualités à une classe bien identifiée, avec les compatibilités d'une autre classe, ce qui est, par exemple, le cas des adjectifs utilisés à la place des noms.

Par ailleurs, on s'apercevra que certaines classes, partagent les mêmes compatibilités et qu'elles se différencient uniquement par l'application du critère d'exclusion mutuelle, ou bien qu'elles ont toutes leurs compatibilités en commun sauf une, ou bien encore qu'on puisse trouver d'autres motivations pour les considérer proches. On aura donc intérêt, dans la présentation, à rapprocher certaines classes les unes des autres en les regroupant le cas échéant. Ceci facilitera considérablement la compréhension dans la mesure où, pour identifier une classe, on a besoin de la distinguer de celle qui se trouve être la plus proche, en d'autres termes de celle qui présente presque les mêmes latitudes combinatoires et ne se différencie que sur quelques points.

On désignera ces groupements comme des *groupes*. Un *groupe* sera constitué par plusieurs classes proches, soit en ce qui concerne le critère de compatibilités soit en ce qui concerne le critère de l'exclusion mutuelle. Dans la *Grammaire fonctionnelle du français* (p. 50), par exemple, on a cru bon de désigner comme *nominaux* les classes des pronoms, des noms et des noms propres en tenant compte de leurs compatibilités communes en tant que déterminants[32].

On fera valoir que, même s'il a été nécessaire d'introduire les termes de *groupe* et d'*ensemble*, la classe grammaticale reste le fondement de toute démarche dans ce domaine.

---

[29] Denise FRANÇOIS-GEIGER, 1990, *À la recherche du sens*, Paris, p. 146.

[30] Ce qui est tout à fait possible si le travail est fait pour un traitement automatique par ordinateur, mais absolument pas rentable si on s'adresse à des humains.

[31] Voir André MARTINET (dir), *GFF*, p. 30.

[32] Voir André MARTINET, *in* Christos CLAIRIS (dir.), 2005, *Travaux de linguistique fonctionnelle*, p. 17.

On pourra finalement s'interroger, une fois les classes découvertes, sur la façon de les nommer. Au moins trois attitudes sont possibles. La première consiste à adopter une solution algébrique, c'est-à-dire, de les désigner au moyen des lettres (classe A, classe B et ainsi de suite) ou des chiffres ; elle a l'inconvénient d'être très peu suggestive pour un usager.

La deuxième consiste à utiliser la terminologie traditionnelle en redéfinissant les termes ; cette solution se heurte d'une part au fait que les classes établies par la procédure indiquée habituellement sont plus nombreuses que les "parties du discours" traditionnelles et d'autre part au fait que les gens restent, malgré tout, fixés sur les idées préconçues qui risquent de bloquer la compréhension des réalités propres à une langue donnée. Mais, comme on l'a signalé, il est très difficile, vu les habitudes installées, d'en éviter complètement l'usage.

La troisième option serait d'essayer d'inventer des termes nouveaux[33] en fonction des caractéristiques des classes concernées, sans éviter par ailleurs d'utiliser aussi les termes classiques en les redéfinissant avec autant de rigueur que possible, ce qui a été tenté par exemple ici à propos du *verbe*.

---

[33] Cf. Christos CLAIRIS, 1987, *El qawasqar. Lingüística fueguina. Teoría y descripción.*

3. AU CŒUR DE LA SYNTAXE:
FONCTIONS ET NOYAU CENTRAL

Il est primordial, dans le cadre théorique d'une linguistique fonctionnelle et structurale, d'apporter toutes les précisions nécessaires concernant la définition technique du terme de *fonction* en syntaxe. D'autant plus que l'usage qu'on en a fait a pu varier non seulement entre différents auteurs, mais aussi entre différents écrits du même auteur. André Martinet, par exemple, uniquement dans les années 1977, a précisé que "fonction unique équivaut à aucune fonction" [1]. Il a été alors amené, en conformité avec cette prise de position et à juste titre, à ne plus parler, comme il le faisait auparavant, ni de "fonction prédicative" ni désigner le verbe comme un monème unifonctionnel [2].

Définition de la syntaxe

En revanche, la conception de la syntaxe, pour les chercheurs qui adhèrent à la définition d'une langue comme un instrument de communication doublement articulé et de manifestation vocale [3], est restée immuable. La présence d'une syntaxe dans toute langue n'est pas nommément postulée dans la définition d'une langue. Elle découle de son caractère vocal, lequel implique la **linéarité** comme faisant partie de l'essence même d'une langue. Le rôle de la langue étant d'assurer la communication entre les humains vivant en société, il revient à la syntaxe la tâche de faire entrer une expérience, qui naturellement n'est pas linéaire, dans une chaîne linéaire. Selon la définition, devenue classique, de Denise François-Geiger:

> "la syntaxe consiste principalement à examiner par quels moyens les rapports qui existent entre les éléments d'expérience, et qui ne sont pas des rapports de successivité, peuvent être marqués dans une succession d'unités linguistiques de manière que le récepteur du message puisse reconstruire cette expérience." [4]

La syntaxe ne se conçoit pas comme une combinatoire, mais comme un programme qui permet d'établir les relations entre les unités significatives de telle

---

[1] André MARTINET, 1977, Les fonctions grammaticales, p. 13.

[2] Cf. ce qui est dit dans André MARTINET, 1960, *Les Éléments...*, § 4.43 "On aura, en fait, intérêt à réserver le mot "verbe" pour désigner les monèmes qui ne connaissent pas d'autres fonctions que la fonction prédicative" avec ce qui est dit dans la "Nouvelle édition remaniée et mise à jour 1980" toujours des *Éléments...*, § 4.43 "On aura, en fait, intérêt à réserver le mot "verbe" pour désigner les monèmes qui ne connaissent pas d'autres emplois que les emplois prédicatifs".

[3] André MARTINET, 1960, *Éléments de linguistique générale*, §§ 1-14.

[4] Denise FRANÇOIS-GEIGER, 1969, Autonomie syntaxique et classement des monèmes, *in* André MARTINET (dir.), *La linguistique. Guide alphabétique*, p. 18.

façon que le message corresponde à l'expérience que l'on veut communiquer[5]. La syntaxe a comme objectif l'étude des relations que les unités significatives entretiennent entre elles dans le discours, mais elle n'est pas la seule à indiquer ces relations, qui visent à élaborer le sens. **Le signifié des unités significatives, le contexte linguistique et l'apport situationnel participent également à l'élaboration du sens.**

La spécificité de la syntaxe, par rapport d'un côté à la sémantique et à la pragmatique, et de l'autre par rapport à la morphologie[6] se manifeste au travers de **procédés linguistiques** qui servent à indiquer les relations des unités entre elles. La position des unités – quand elle est pertinente – aussi bien que les propriétés des différentes classes syntaxiques contribuent, au même titre que l'emploi de monèmes spécialisés, à indiquer le type de rapport entre deux monèmes. En d'autres termes, la syntaxe fonctionnelle, qui se veut autonome par rapport à la morphologie et à la sémantique, a pour objectif l'identification des procédés linguistiques qui indiquent les relations des unités entre elles. Pour qu'il y ait syntaxe, il faut qu'il y ait l'empreinte d'une **cristallisation syntaxique**. Bien sûr c'est le sens qui est à l'origine de toute cristallisation syntaxique, mais la syntaxe a ses raisons que le sens ne connaît pas.

Détermination simple

La syntaxe commence à se manifester à partir du moment où on est en présence de deux unités. Mis à part le cas de la coordination, deux monèmes, du point de vue de la syntaxe[7], seront liés dans un rapport de détermination, il y aura nécessairement un déterminé, qu'on peut aussi désigner comme noyau et un déterminant. **La détermination[8], en effet, est l'opération fondamentale de toute syntaxe**. Du point de vue sémantique, le déterminant est là pour affiner le sens du déterminé, autrement dit pour lui apporter une spécification[9], une précision. Chaque déterminant, dans la mesure où il spécifie le sens du noyau déterminé, délimite et précise son sens.

L'opération de détermination introduit en syntaxe le concept de **hiérarchie**: le noyau déterminé occupe une position plus importante par rapport au déterminant. Il ne peut y avoir:

> "de déterminant sans déterminé: le déterminant est omissible et marginal; le déterminé ne l'est pas. L'élément non omissible est plus central que l'élément omissible, ce

---

[5] Cf. aussi la définition qu'en donne Jean-Michel BUILLES, 1998, *Manuel de linguistique descriptive*, Paris, Nathan, p. 70: "L'étude des relations que les monèmes entretiennent entre eux à l'intérieur des phrases constitue l'objet de la syntaxe".

[6] Voir entre autres Christos CLAIRIS, 1985, De la morphologie.

[7] On doit aussi envisager la possibilité d'une absence totale de syntaxe proprement dite, auquel cas on dira que les deux unités se trouvent *juxtaposées* sans autre lien que celui suggéré par le sens des unités, le contexte linguistique et l'apport situationnel.

[8] Rappelons que la détermination peut être simple ou faire appel à une fonction. Voir aussi, ici-même, le tableau p. 48.

[9] Voir Christos CLAIRIS et Georges BABINIOTIS, 2002, Η λειτουργία τῆς εξειδίκευσης στη γλώσσα (La spécification linguistique).

qui explique que, lorsque le déterminé s'impose en priorité à l'attention, on le désigne comme noyau"[10].

On a vu dans le chapitre précédent que, dans chaque langue, une répartition des monèmes dans des classes différentes représentait une première structuration en matière de syntaxe.

On a également précisé qu'une relation syntaxique ne correspondait pas toujours à une *fonction* mais que très souvent elle consistait à indiquer qu'un monème de la classe A est lié par une détermination simple à un monème de la classe B.

La marque de la détermination peut en premier lieu ressortir des propriétés des classes – dégagées auparavant – qui entrent en jeu. Dans ce cas, la position des éléments, fixe ou libre, n'aura pas un rôle syntaxique mais devra être prise en charge en morphologie. L'exemple le plus simple est offert quand une des deux unités appartient à une classe de modalités, c'est-à-dire à une classe de monèmes toujours déterminants et non déterminables, situation qui ne permet aucune ambiguïté pour l'identification du noyau. Le français et le roumain, par exemple, disposent d'une classe de modalités nominales dont fait partie l'article défini. Il s'agit d'une information qui concerne la syntaxe des deux langues. Mais le fait qu'en français l'unité en question doive se positionner avant le nom déterminé, *le train*, tandis qu'en roumain elle est une postposition, *tren-ul* "le train", est un phénomène morphologique, qui n'influence, par conséquent, en rien ni la syntaxe ni le sens des deux langues.

Une détermination simple entre deux monèmes peut être aussi indiquée par un monème connecteur. Dans ce cas, le sens propre du monème connecteur interviendra dans la signification qui en résulte sans que A cesse d'être lié à B autrement que par une détermination **simple**. J'insiste sur le fait que l'établissement de la détermination au moyen d'un monème connecteur n'indique pas nécessairement une fonction. Cette précision est nécessaire car on a pu croire que les éléments reliés par un monème connecteur, désigné d'habitude comme monème fonctionnel, étaient reliés par une fonction, ce qui n'est justement pas le cas. La relation établie au moyen d'un monème connecteur peut correspondre aussi bien à une détermination simple qu'à une fonction. Pour que le lien entre deux unités puisse être reconnu comme une fonction, il faut que les deux unités appartiennent à **deux** classes différentes [11] et compatibles, susceptibles d'entretenir plus qu'un type de rapport entre elles et dont l'une assume l'emploi de noyau central (prédicat) d'une proposition principale ou d'une proposition subordonnée (prédicatoïde). Faudrait-il rappeler que les monèmes connecteurs, qu'ils soient indicateurs d'une fonction ou d'une relation simple, sont des monèmes comme tous les autres monèmes et, en ce sens, ils ont un signifié qui tout naturellement participe à la signification globale du syntagme ? Le recours, d'ailleurs, à un monème connecteur pour mettre en relation deux monèmes appartenant à la même classe est le procédé le plus habituel dans la plupart des langues sans qu'on ait nullement affaire à une *fonction*. Dans des exemples du type *le bureau du chef*, *un cadeau*

---

[10] André MARTINET, *Syntaxe générale*, 1985, § 5.9, p. 112.

[11] Dans une langue dans laquelle une opposition verbo-nominale n'est pas attestée, une **fonction** peut être reconnue entre deux unités de la même classe à condition toujours que l'une d'elles assume l'emploi prédicatif.

pour mon frère, vue sur mer, on ne reconnaîtra qu'une détermination simple d'un nom par un autre nom, la relation elle-même étant indiquée par le monème connecteur, **indépendamment** de son signifié propre en tant que monème.

Enfin, la position des éléments peut, aussi, être mise à contribution pour indiquer une détermination simple d'un monème A par un monème B. On connaît, à cet égard le cas de *l'apposition*. Dans un exemple comme *Jeanne, collaboratrice infatigable et avisée*, le terme *collaboratrice* spécifie le nom propre *Jeanne* sans autre moyen que celui de la position. L'inversion de l'ordre, qui, ici devient syntaxiquement pertinent, impliquerait que le déterminant devienne déterminé: dans *ma collaboratrice, Jeanne, est infatigable et avisée*, c'est *Jeanne* qui détermine *collaboratrice* à l'opposé de l'exemple précédent.

Actualisation

Il est possible que deux monèmes liés dans une relation de détermination suffisent, dans certaines conditions propres à une langue donnée, pour constituer un message complet. En turc *çocuk ressam* "enfant+peintre" se traduit comme "(l') enfant est peintre" et *ressam çocuk* comme "(le) peintre est (un) enfant" [12]. En qawasqar [13], langue sans opposition verbo-nominale, le monème *qjewas* "faim", déterminé par le monème *tse* "première personne", forment le message complet *tse qjewas* "j'ai faim" et le monème *altal* "travail", déterminé par la modalité de négation *qjeloq*, forment le message *altal qjeloq* "il n'y a pas de travail". De la même façon on obtient en français le message complet *voici papa* par simple détermination de *papa* par le monème présentatif *voici*.

On observera dans les exemples précédents, représentant des messages complets, que leur noyau, en l'absence de tout autre noyau, est fondateur d'une structure de phrase; il est par conséquent employé comme noyau central. Quant à l'élément déterminant, il sert, en quelque sorte, à mettre en marche la langue, ou en d'autres termes à "actualiser le prédicat". Il est indispensable, en tant qu'**actualisateur**, pour que "l'auditeur n'hésite pas à identifier ce qu'il entend comme un énoncé et non comme le produit d'un mouvement réflexe" [14]. L'actualisation consiste donc "à conférer à un monème le rôle de noyau potentiel" [15]. Elle correspond à une relation d'implication réciproque, le noyau ayant besoin de l'actualisateur pour fonctionner et réciproquement. Cette relation peut aussi bien représenter une détermination simple qu'une relation de type fonctionnel comme c'est le cas d'un verbe actualisé par la fonction sujet. Il va de soi que si le sujet est un actualisateur, tout actualisateur n'est pas sujet.

---

[12] Si le syntagme *ressam çocuk* fait partie d'un énoncé plus grand alors *ressam* peut fonctionner comme épithète "l'enfant peintre…".

[13] Christos CLAIRIS, 1987, *El qawasqar. Lingüística fueguina. Teoría y descripción.*

[14] André MARTINET, *Syntaxe générale*, § 5.17 consacré à "L'actualisation".

[15] Colette FEUILLARD, 1985, La syntaxe fonctionnelle, p. 189.

Fonctions

Il est bien entendu que les besoins de communication ne peuvent pas se satis-faire uniquement par des messages aussi réduits. Il est donc nécessaire d'examiner l'organisation de messages plus complexes. Essayons maintenant de considérer la situation d'un point de vue relationnel quand trois monèmes entrent en jeu. On se réfère évidemment à des monèmes susceptibles d'être utilisés aussi bien comme noyau déterminé que comme déterminant d'un noyau, le rôle des modalités et des connecteurs étant clair par ailleurs.

Il n'y aura, dans ce cas, que deux possibilités pour que les trois monèmes restent liés entre eux dans une relation syntaxique. Soit chaque monème en déter-minera un autre, mais pas le même, soit un monème sera déterminé par les deux autres à la fois:

soit a)   □⇒□⇒□

soit b)   □⇒□⇐□

La deuxième possibilité (c'est-à-dire quand deux monèmes, qui n'appartiennent ni à une classe de modalités ni à une classe de connecteurs, déterminent simulta-nément un autre monème) fait apparaître le besoin des moyens nouveaux que la syntaxe d'une langue doit fournir pour l'élaboration du sens d'un message. Ces moyens spécifiques à la syntaxe sont les **fonctions.**

Pour introduire la notion de *fonction* prenons comme exemple trois monèmes dont les signifiés respectifs correspondent à "tigre", "lion" et "tuer". Dans un cas de ce genre indiquer que "tigre" et "lion" sont liés au monème "tuer" au moyen d'une détermination simple ne serait pas suffisant pour comprendre le message. Le sens des unités ne suffirait pas non plus, dans la mesure où, d'après notre expérience, un lion peut aussi bien tuer un tigre qu'un tigre un lion. Il fau-dra alors qu'on puisse indiquer, par des moyens linguistiques, qui est la victime et qui est le tueur. On aura besoin d'une indication linguistique qui permettra au récepteur du message de reconstituer l'expérience telle qu'elle se présente dans la réalité précise qu'on veut communiquer. On désignera cette indication linguis-tique, qui permet de spécifier le type de détermination entre deux unités pouvant entretenir entre **elles plus qu'un seul type de rapport** par le terme de *fonction.* On stipulera, à la suite de Martinet, qu'une fonction est une unité linguistique au même titre que les monèmes, ayant un signifié et un signifiant. À la différence de Martinet, on prendra soin de préciser tout de suite que, non seulement le signi-fiant des fonctions est différent de celui des monèmes – ce qu'il signale lui-même [16] – mais aussi que **la nature du signifié des fonctions est tout autre que la nature des signifiés des monèmes** [17]. Les signifiés des monèmes se déga-gent sur l'axe paradigmatique par opposition à d'autres monèmes et dans des termes strictement saussuriens peuvent être désignés comme des *valeurs.* Les fonctions, elles, indiquent des relations, c'est-à-dire des opérations qui doivent

---

[16] André MARTINET, 1985, *Syntaxe générale*, Paris, p. 172: "Elles [les fonctions] ont, comme eux [les monèmes], un sens et une forme identifiable, que cette forme se présente comme segmentable ou amalgamée ou qu'elle soit marquée par la position respective des unités dans le discours".
[17] Voir Christos CLAIRIS, 1995, Le "sujet" a-t-il un sens ?; Christos CLAIRIS, 1996, À la recherche du signifié syntaxique, et Christos CLAIRIS, 1997, Qu'est ce qu'une fonction ?

mettre en rapport deux monèmes. Les fonctions n'ont d'autre sens que l'indication d'un type particulier d'opération. Autrement dit, aucune fonction n'a un sens propre comparable à celui des monèmes. La signification obtenue comme résultat de l'exécution de l'opération indiquée par une fonction dépendra toujours du contexte, c'est-à-dire de la valeur des monèmes qui entrent en jeu, et, éventuellement, de l'apport situationnel. **De même qu'il n'existe pas de monème à signifié nul, il n'existe pas de fonction à signifié nul.**

Ceci implique qu'à côté de l'inventaire des unités significatives, nous devons compter, dans chaque langue, sur un inventaire d'indicateurs de fonctions, qu'on peut aussi désigner comme un inventaire des opérateurs relationnels. Le sens de ces derniers ne peut être autre que l'indication d'une opération particulière.

Ici, pour mieux comprendre la différence entre la nature de sens d'un monème et la nature de sens d'une fonction, le parallélisme avec les mathématiques – une fois n'est pas coutume – pourrait nous être utile. Nous pourrions comparer, de ce point de vue, les monèmes à des nombres et les fonctions à des indicateurs de fonction tels que la multiplication, l'addition, etc. Il faut qu'il soit clair que monèmes et nombres d'une part et indicateurs de fonction d'autre part appartiennent à des inventaires bien distincts. Un indicateur de fonction ne peut pas avoir d'autre sens que d'indiquer une opération entre deux éléments. Autrement dit un x liant deux nombres en mathématique ne signifie autre chose que le déclenchement d'"une opération qui a pour but d'obtenir à partir de deux nombres a et b un troisième nombre égal à la somme de b termes égaux à a (ex.: 12x8=96)" (Petit Robert, 1984).

Il est évident que, chaque fois, le produit final, c'est-à-dire le sens obtenu par l'application de l'opération indiquée, dépendra des nombres qui entrent en jeu. Je signale ici une position analogue de Denise François-Geiger, qui dans son livre *À la recherche du sens*[18], pour introduire son chapitre "Syntaxe **x** Lexique", écrivait:

> "Le **x** est capital. Je me répète: il ne s'agit pas d'addition, de somme, mais d'un croisement qui nous livre un produit autre que le multiplicande et le multiplicateur."

Dans ce sens, quand la marque d'une fonction est un monème fonctionnel, il faudrait distinguer entre le signifié du monème lui-même et le signifié de la fonction dont il est la marque. C'est ce que réclame Denise François-Geiger[19]:

> "Tout monème fonctionnel a une double valeur significative:
>
> a) sa valeur relationnelle elle-même: le MF "met en relation" et on peut dire que le MF est doublement orienté dans la linéarité, bifide:
>
> ex. *Il est venu* ← *avec* → *sa* → *sœur*
> (*sa,* modalité, est centripète).
>
> Il faut donc, pour analyser un MF, regarder ce qui précède et ce qui suit, à droite et à gauche comme disent les fanas de l'écrit. (Ceci est particulièrement important pour les relatifs: voir plus loin).
>
> b) sa valeur intrinsèque: celle-ci apparaît bien lorsqu'on commute *dans, sur, sous...* – tous relationnels mais avec une signification différente. Ces significations sont souvent organisées en couples, notamment pour le temps et l'espace:

---

[18] Denise FRANÇOIS-GEIGER, 1990.
[19] Denise FRANÇOIS-GEIGER, 1990, *À la recherche du sens*, pp. 122-123.

devant / derrière, avant / après, sur / sous...). L'utilisation, dans de nombreuses langues, de parties du corps pour indiquer les relations spatiales (ex. "dos" pour "derrière" et "ventre" pour "devant": couples de MF anthropomorphes) illustre bien la valeur axiologique des MF.

Chez les MF très fréquents comme *à* ou *de,* la teneur axiologique tend à s'estomper (nous y avons fait allusion dans la section 10), non que l'unité n'ait pas de sens, qu'elle soit un "mot vide" (expression très, très discutable), mais parce qu'elle en a trop et que la polysémie implique le recours au contexte pour le décodage:

> ex. *le chapeau de papa*
> *il vient de Tours,* etc.

En fait, la valeur propre de l'unité – qu'il ne faut pas confondre avec sa valeur relationnelle – est toujours dépendante du contexte: soit *avec son chapeau, avec son amitié, avec son marteau, avec ses camarades,* etc., on peut dire qu'il y a un seul MF "avec" indicateur de fonction ayant plusieurs valeurs (axiologie) et non poser un *avec* instrumental, comitatif, etc., donc plusieurs fonctions, solution que retient Martinet (G.F.F.) en arguant que les différentes fonctions "avec" peuvent coexister dans l'énoncé: ex. *Avec le plus grand sang-froid, il a improvisé un tourniquet avec son foulard* (G.F.F. 4.32.b.). On connaît *l'escalier de marbre et d'honneur* ! (Je viens d'entendre à la télé: "...dans le sillage de... et dans un instant. La Une!").

Si l'on examine les zones d'emploi des MF, on voit qu'ils ont des affinités avec la zone "circonstancielle", périphérique dans nos langues (mais non universellement: ex. langues malayo-mélanésiennes comme le malgache ou plutôt les malgaches) alors que les actants – qui sont des fonctions saturables, *i. e.* non récurrentes sauf coordination: voir plus loin – ont une affinité avec l'utilisation de l'ordre."

Pour pouvoir bien distinguer le signifié de la fonction indiquée par un monème connecteur et son propre signifié en tant que monème, il est nécessaire de se rappeler que les fonctions sont des **relations** dans la chaîne parlée. Par conséquent, il faudrait essayer de cerner leur sens, décrire leur rôle, en contrastant les unes aux autres dans l'axe syntagmatique, tandis que la valeur des monèmes se dégage par commutation sur l'axe paradigmatique. Il va falloir qu'on admette que la commutation n'est pas praticable dans le cas des fonctions. On ne peut pas opposer une fonction à une autre.

Il vaudrait donc mieux, pour rester fidèle à la tradition saussurienne, ne parler de "valeur" que s'agissant des monèmes et se servir du terme "contenu des fonctions" à propos de celles-ci.

Les précisions que je viens d'indiquer ci-dessus étaient devenues nécessaires, car certaines affirmations d'André Martinet laissaient apparaître des contradictions avec la définition que lui-même avait donné d'une fonction, à savoir comme une unité linguistique ayant un signifié et un signifiant. En effet, dans sa *Syntaxe générale* et dans la *Grammaire fonctionnelle du français,* pour ne citer que deux grands ouvrages, il est maintes fois précisé que la valeur de la fonction sujet est nulle[20] et que la valeur de la fonction objet peut également, dans certains cas[21], être nulle. Martinet ajoute:

> "Il faut signaler ici une différence fondamentale entre les monèmes et les fonctions. Il ne peut exister de monème dont la valeur significative soit nulle, puisqu'il n'y a pas

---

[20] André MARTINET, 1985, *Syntaxe générale,* p. 178: "En principe et en fait, la fonction sujet n'a aucune valeur propre".

[21] André MARTINET, 1985, *Syntaxe générale,* p. 177: "On a, d'autre part, valeur nulle du choix de la postposition, marque nominale de la fonction objet dès que le noyau est un monème verbal transitif particulier qui n'apparaît jamais sans objet".

> de monèmes sans différence conjointe de forme et de sens. Au contraire, la valeur significative d'une fonction peut être nulle, sans que la fonction cesse d'exister puisqu'il est indispensable de distinguer, dans l'énoncé, les différentes fonctions qui se rattachent à un même noyau [22]."

On comprend parfaitement ce qui a conduit André Martinet à postuler une valeur nulle pour la fonction sujet. Il était en effet primordial de mettre en garde contre la conception traditionnelle qui attachait au sujet la valeur d'agent. Or comme on le sait très bien – les exemples abondent dans ce sens [23] – les monèmes qui sont liés avec la fonction sujet à un prédicat verbal peuvent parfaitement se référer à un agent, à un patient, à un bénéficiaire ou encore à autre chose. Néanmoins, accepter une fonction qui n'aurait aucun signifié constituerait une contradiction avec la définition même d'une fonction, unité grammaticale distincte des monèmes ayant un **sens** et une **forme**.

Qu'il s'agisse d'une relation syntaxique manifestant *une détermination simple* ou une *fonction* on ne gagne rien en multipliant la désignation de la relation à partir de la signification produite grâce aux signifiés des unités qui entrent en jeu. Qu'une détermination simple, par exemple, d'un élément de la classe des noms par un autre élément de la même classe par l'intermédiaire du monème connecteur *de* puisse signifier la possession *(le chapeau de mon père)*, la matière *(chapeau de paille)*, la finalité *(chapeau de fête)* ou encore autre chose ne signifie en aucun cas que nous avons affaire à autre chose qu'à la même relation syntaxique.

En revanche, il serait intéressant d'approfondir les **valeurs types** qu'un connecteur, comme le monème *de* de nos exemples, est susceptible d'assumer en fonction des contextes et, le cas échéant, mettre en évidence la **polysémie** de l'unité. Il s'agirait, en quelque sorte, d'une étude analogue à celle qui consiste à dégager les principaux *rôles sémantiques* assumés par les fonctions.

Le choix d'un autre monème connecteur, toujours pour lier deux unités, quelles qu'elles soient, de la même classe des noms, par exemple, ne changera pas non plus le type de la relation syntaxique. Ce qui change, comme il a déjà été dit, c'est le signifié du monème choisi pour établir la liaison, la relation syntaxique restant toujours la même.

De la même façon si on considère un élément d'une classe plurifonctionnelle qui se trouve lié avec un noyau central dans une relation de *fonction sujet*, quel que soit le rôle sémantique que puisse jouer cet élément, la *fonction*, elle, restera toujours la même. Comme ils dépendent des signifiés des éléments qui se trouvent liés, mais aussi du contexte et, parfois, de l'apport situationnel, ces rôles varieront d'un énoncé à l'autre. Rien n'empêchera, bien sûr, sur un autre plan, celui de la sémantique, d'essayer de dégager quelques "rôles types" [24] étant entendu que leur quantité dépendra de la finesse de l'analyse pratiquée.

---

[22] André MARTINET, 1985, *Syntaxe générale*, p. 177.

[23] Cf. entre autres les §§7.10 et 7.11 de la *Syntaxe générale* et le § 4.9b de la *Grammaire fonctionnelle du français*.

[24] Il est d'usage, dans la plupart des travaux, de se référer aux rôles sémantiques de: agent, patient, bénéficiaire, expérient, lieu, cause, destinataire, possesseur, stimulus, etc.

Zone centrale — Zone périphérique

Autour du noyau central d'un énoncé, l'étude des fonctions acquiert toute son importance. En bonne méthode, il est nécessaire de distinguer entre une *zone centrale* qui sera sous l'influence directe du *noyau central* et une *zone périphérique*, généralement facultative pour la construction du message.

On a déjà vu que le noyau central, pour qu'il puisse être qualifié en tant que tel, a besoin d'au moins un deuxième élément qui lui sert d'*actualisateur*. On est maintenant en mesure de préciser que si la relation d'actualisation est assumée par une unité d'une classe plurifonctionnelle en liaison avec un noyau central d'une classe verbale, alors, et seulement dans ce cas, on aura affaire à la *fonction sujet*. En d'autres termes, le lien fonctionnel qui unit un monème verbal avec son expansion obligatoire plurifonctionnelle sera désigné comme *sujet*. Le fait que l'actualisateur du verbe assume une fonction n'implique pas que tous les actualisateurs assument une fonction. Si l'actualisation a lieu entre unités appartenant à des classes qui ne peuvent pas entretenir entre elles plus d'un type de rapport, alors le lien syntaxique qui les unit sera une *détermination simple*.

Des virtualités sémantiques du noyau central dépendront les autres fonctions de la zone centrale; à ce titre on les désignera, comme le fait Martinet, comme *fonctions spécifiques*. Il est d'usage de se référer, à la suite de Tesnière, aux virtualités sémantiques des monèmes verbaux avec le terme de *valence*. Selon leur valence, les verbes non monovalents feront appel à une ou plusieurs fonctions spécifiques. Celles-ci pourront être nommées avec le terme d'*objet* ou, dans le cas des verbes connectifs, avec le terme *d'attribut*. Nous désignerons la relation syntaxique (fonction ou détermination simple) qui permet d'attribuer une qualité à un élément par l'intermédiaire d'un verbe – ou un autre élément assumant la connexion – comme *attribut*. La fonction *attribut* présente la particularité d'être spécifique à un certain nombre de verbes que l'on désigne sous le terme *verbes connectifs* mais également de se manifester avec des verbes *nucléo-connectifs* [25] qui participent aussi bien à la syntaxe nucléaire qu'à la syntaxe connective, mais également avec des verbes non connectifs qui permettent l'établissement de la fonction attribut par l'intermédiaire – ou non – d'un monème fonctionnel. Appartenant à la zone centrale de l'énoncé, la fonction attribut ne se confond pas avec la fonction objet. D'un point de vue général on observe en effet que la fonction objet est une fonction spécifique, dépendant de la valence d'un verbe transitif, alors que l'attribut est une fonction spécifique dépendant de la valence d'un verbe connectif, quasi connectif ou nucléo-connectif.

Notons qu'il n'y a pas accord entre les différents auteurs en ce qui concerne l'appellation des fonctions spécifiques dépendant d'un verbe trivalent ou des verbes qui font appel à un élément indicateur d'un lieu. Certains parleront des fonc-

---

[25] Syntaxiquement, ces verbes se caractérisent par une double construction par rapport à l'attribut. En effet, au médio-passif (diathèse passive), ils sont employés de la même façon que les verbes connectifs, mais, à l'actif (diathèse active), ces mêmes verbes se comportent comme des transitifs, susceptibles de recevoir un attribut de l'objet. Pour plus de détails sur ce type de verbes, ainsi que sur la *syntaxe connective* en général voir: Christos CLAIRIS et Georges BABINIOTIS, 1999, Τυπολογία τῆς συνδετικῆς σύνταξης (*Typologie de la syntaxe connective*), et Christos CLAIRIS, Claudine CHAMOREAU, Denis COSTAOUEC, Françoise GUÉRIN (dir.), 2005, *Syntaxe connective*, Presses Universitaires de Rennes (sous presse).

tions "objet direct" et "objet indirect", d'autres préféreront se référer à une "fonction dative" ou encore, dans un exemple comme celui de *je vais à l'école* à une "fonction locative" ou "fonction indirecte" et ainsi de suite. Ce qui est important est de reconnaître qu'il s'agit de *fonctions spécifiques*, lesquelles s'intègrent à la zone centrale du message.

Dans la *zone périphérique* le locuteur a la possibilité d'apporter plus de spécifications à son message, lesquelles ne sont pas directement impliquées par la valence du noyau central. On identifiera dans la zone périphérique *la fonction circonstancielle*, qui, à la différence des fonctions de la zone centrale, est une fonction répétitive. En effet, les fonctions de la zone centrale, sauf cas de coordination, ne peuvent s'exprimer qu'une seule fois. En revanche, l'usager de la langue, en alternant le choix des monèmes connecteurs, peut répéter la fonction circonstancielle autant de fois qu'il le souhaite.

Structure du message avec NC verbal

ZONE CENTRALE NOYAU CENTRAL (NC)		Participants		
		ZONE CENTRALE (ZC) rayon d'influence du verbe fonctions non itératives		ZONE PÉRIPHÉRIQUE (ZP) spécifications facultatives fonction itérative
syntaxe nucléaire (SyNu)	syntaxe connective (SyCo)	actualisation	fonctions spécifiques	
		f. sujet	f. objet 1, f. objet 2, f. attribut, autres f.	f. circonstancielle

Noyau central

Ainsi qu'il a déjà été indiqué, la principale manifestation de la hiérarchisation des unités significatives en syntaxe est la détermination. Une langue ne peut se contenter de ce niveau de hiérarchisation. Des rapports de dépendance s'instaurent entre les différents noyaux d'une phrase, et ces relations sont possibles parce que l'un de ces noyaux a un statut plus important que les autres. Les autres noyaux lui sont subordonnés alors que lui ne dépend d'aucun autre. De ce fait, il est irréductible. Ce noyau central (prédicat), au fondement de la structure de la phrase, je le désignerai, à la suite de Martinet [26] comme **le noyau relationnel d'un énoncé autonome, comme un monème, synthème ou parasynthème central, auquel restent attachées, directement ou indirectement, toutes les expansions obligatoires ou facultatives.** Le noyau central est le noyau relationnel vers lequel aboutissent toutes les chaînes de détermination d'un énon-

---

[26] Je signale que Martinet préfère utiliser en le redéfinissant le terme de "prédicat" ou "noyau prédicatif". Pour éviter toute confusion avec ce terme, historiquement trop chargé, dans cet ouvrage, dans la mesure du possible, j'utilise le terme "noyau central" en précisant sa définition.

cé, le noyau autour duquel tous les autres éléments se rattachent. On pourrait aussi le désigner, en paraphrasant Tesnière[27], comme noyau des noyaux. La **phrase**, elle, sera conçue comme **le rayon d'action d'un seul noyau central**. Il importe de noter que le noyau central de l'énoncé n'est pas nécessairement l'unité qui a le plus de poids informatif, mais qu'il est le centre de toutes les relations syntaxiques qui constituent l'énoncé.

Le noyau central, selon les langues, appartiendra à telle ou telle classe syntaxique, selon qu'il exprime l'existence, la présence[28], ou qu'il vise à identifier ou à qualifier une entité[29], ou encore qu'il réfère à un procès impliquant un ou plusieurs participants.

Lorsque les langues connaissent une opposition verbo-nominale, le verbe est alors spécialisé dans l'emploi prédicatif. On rappellera que l'identification d'une classe verbale, et par voie de conséquence d'une opposition verbo-nominale, doit s'appuyer sur la présence de modalités spécifiques à une seule classe syntaxique, à vocation prédicative exclusive, c'est-à-dire occupant nécessairement la place de noyau principal de la phrase.

Syntaxe nucléaire — Syntaxe connective[30]

Du point de vue de la hiérarchie entre les éléments d'un énoncé, des structures très diverses sont observables, non seulement entre langues différentes, mais également au sein d'une langue donnée. C'est ce constat qui a permis de distinguer entre deux pôles syntaxiques, et l'on précisera que la hiérarchie entre les éléments significatifs, c'est-à-dire essentiellement les rapports entre un noyau et ses satellites, se réalise principalement ou majoritairement dans deux types de construction.

La hiérarchie entre les éléments significatifs, c'est-à-dire essentiellement les rapports entre un noyau et ses satellites, donne lieu à deux types de prédication, à deux types de noyautage. Dans le premier cas, il s'agit d'une connexion paritaire entre deux éléments de base ("toi" – "**sage**"), dans le deuxième cas, le noyau par son sens fait appel à une ou plusieurs expansions ("toi" – "**marcher**", "toi" – "**casser**" – "vitre"). Je les désignerai respectivement comme **syntaxe connective** et **syntaxe nucléaire**.

Le noyau central en syntaxe nucléaire met en scène un monème verbal de sens plein qui réfère à un processus plus ou moins dynamique qui a besoin pour s'accomplir de protagonistes plus ou moins influents, plus ou moins volontaires, et plus ou moins animés. Les rôles sémantiques des participants sont très variés et

---

[27] Lucien TESNIÈRE, 1959, *Éléments de syntaxe structurale*, Paris, p. 15: "Le nœud formé par le régissant qui commande tous les subordonnés de la phrase est le **nœud des nœuds** ou **nœud central.** Il est au centre de la phrase, dont il assure l'unité structurale en en nouant les divers éléments en un seul faisceau. Il s'identifie avec la phrase".

[28] André **Martinet**, 1985, *Syntaxe générale*, § 8.7, p. 197.

[29] *Ibidem*, § 8.8, p. 198.

[30] Voir Christos CLAIRIS et Georges BABINIOTIS, 1999, Τυπολογία τῆς συνδετικῆς σύνταξης *(Typologie de la syntaxe connective)*, et Christos CLAIRIS, Claudine CHAMOREAU, Denis COSTAOUEC, Françoise GUERIN (dir.), 2005, *Syntaxe connective*, Presses Universitaires de Rennes (sous presse).

dépendent de la valeur des unités significatives mises en relation, du contexte linguistique et de l'apport situationnel.

La **syntaxe nucléaire** est définie dans les langues à opposition verbo-nominale comme un type de construction où "le verbe-noyau **distribue** les fonctions syntaxiques (sujet, objet, etc.) aux unités qui gravitent autour de lui comme des satellites" [31]. Le rôle de noyau central ne peut alors être assuré **que** par le verbe [32]. Les expansions du noyau verbal sont des participants au procès et le nombre de participants requis dépend du sens du verbe (c'est la valence de ces verbes).

La **syntaxe connective** se concrétise par la connexion sémantique de **deux monèmes non verbaux** constituant un énoncé complet; la connexion peut être directe ou indirecte et elle se réalise dans ce dernier cas par l'intermédiaire d'un monème non verbal ou d'un verbe.

Dans certaines langues du monde, la syntaxe connective concernera exclusivement la syntaxe non verbale, alors que dans d'autres langues, la syntaxe connective sera à cheval sur la syntaxe non verbale et la syntaxe verbale; pour d'autres enfin la syntaxe connective n'appartiendra qu'au seul champ de la syntaxe verbale.

La syntaxe connective se développe essentiellement pour satisfaire les besoins communicationnels d'attribution d'une qualité à une entité donnée, de classification d'une entité dans un ensemble donné ou d'identification de cette entité par rapport à d'autres entités semblables, et dans ce cas, elle représente une structure d'équivalence ou de solidarité sémantique; mais dans certaines langues elle intervient également pour localiser, présenter ou prouver l'existence d'une entité.

Pour exprimer l'attribution, certaines langues privilégient l'emploi de quelques verbes spécialisés dans l'établissement de la connexion et dont, de ce fait, la valence inclut la fonction attribut. Les verbes qui impliquent la fonction attribut en tant que fonction spécifique seront désignés comme verbes connectifs. Une des caractéristiques des verbes connectifs par rapport aux autres verbes est leur compatibilité avec les adjectifs, dans les langues où une telle classe existe.

Une hypothèse de glossogenèse

Par ailleurs, si on se place dans une perspective de glossogenèse, et si on admet qu'il y a un lien entre les besoins de communication des humains vivant en société et les moyens dont les langues disposent pour satisfaire ces besoins, il est probable que, avant l'apparition d'une technologie complexe, on n'éprouvait pas le besoin de distinguer entre les différents types de participants à une action. À ce stade, on peut estimer qu'il n'y a pas lieu de désigner spécifiquement l'agent d'une action ni de disposer d'une classe spécialisée dans l'emploi prédicatif. On pourrait parfaitement s'exprimer en combinant des signifiés tels que "manger patates" ou

---

[31] Christos CLAIRIS et Georges BABINIOTIS, 1999, *Grammaire du grec moderne. Structurale, fonctionnelle et communicationnelle, II. Le verbe – L'organisation du message* (publié en grec), Athènes, Ellinika Grammata, p. 49.
[32] *Ibidem.*

"manger moi" sans qu'il y ait orientation des participants par rapport à un noyau central (prédicat). C'est à partir du moment où des besoins sociaux plus complexes, surtout à la suite d'une technologie plus évoluée, faisaient appel à l'identification explicite de l'agent de l'action que la présence d'une classe verbale orientant les participants devient nécessaire. Car, comme le signale André Martinet[33]

> "...les constructions verbales permettent de mieux distinguer les participants de l'action que les constructions nominales correspondantes: *il craint l'ennemi* ne se confond pas avec *l'ennemi le craint* en face de l'ambigu *la crainte de l'ennemi* ".

Dans une telle perspective de glossogenèse et, si on veut mettre l'accent sur un des traits fondamentaux de l'ergativité, à savoir sur la possibilité de se passer de l'agent[34], il me semble qu'on peut envisager une relation entre une opposition verbo-nominale absente ou faible et les constructions ergatives. Nous pourrions alors supposer que les structures prédominantes dans les langues où l'opposition verbo-nominale n'est pas attestée sont des structures ergatives. Bien sûr, ceci n'exclut nullement, comme c'est déjà le cas, l'existence de langues à construction ergative à opposition verbo-nominale ferme. Mais il nous a semblé que, dans une dynamique de glossogenèse, l'évolution vers une étanchéité des classes syntaxiques, allant de pair avec l'apparition d'une opposition verbo-nominale ferme, devait pousser les langues vers une transition à des structures accusatives. Pour l'instant l'évolution de l'indo-européen[35] semble confirmer cette hypothèse.

---

[33] André MARTINET, 1974, *Le français sans fard*, p. 41.

[34] Cf. la définition d'André MARTINET, 1985, *Syntaxe Générale*, Paris, pp. 200-201: "Ce qui caractérise proprement les langues dites à **construction ergative**, c'est que le patient, ou, mieux peut-être, le non-agent, y assume la même forme que le participant unique des verbes dits intransitifs, alors que, dans les langues dites à **construction accusative** ou objective, les grandes langues de l'Occident notamment, c'est, dans les propositions à deux participants, l'agent qui a la même forme que le participant unique".

[35] Cf. André MARTINET, 1986, *Des steppes aux océans. L'indo-européen et les "Indo-Européens"*, pp. 205-229.

4. LE PROCESSUS DE DISPARITION DES LANGUES[*]

La simple observation des langues à travers les siècles nous conduit à constater que parmi celles dont l'existence avait été attestée d'une manière ou d'une autre, il y en a qui ne sont plus parlées; elles ont disparu. Aujourd'hui, par exemple, personne ne parle le **hittite**, qui se parlait auparavant en Asie Mineure, de même que personne ne parle plus le **haush** ou **manekenk** dont les derniers locuteurs survivaient encore, il y a un peu moins d'un siècle, sur la Grande Île de la Terre de Feu.

Traditionnellement on parle de "**langues mortes**" en se référant aux langues classiques, le **grec**[1] et le **latin**. Bien entendu, le phénomène n'est pas du tout limité à elles seules. Des langues ont disparu sur tous les continents et à toutes les époques; d'autres continuent de disparaître devant nos yeux. Nul doute, par exemple, pour illustrer cette dernière affirmation, que le **yahgan**[2], parlé aujourd'hui dans la localité d'Uquiqa, à Puerto Williams de l'Île Navarino du sud du Chili, par deux ou trois personnes, aura complètement disparu d'ici quelques années.

Le fait, donc, qu'il y a des langues qui ont disparu, et qu'il y en a d'autres, qui sont en train de disparaître, constitue le point de départ de notre réflexion. Parmi les multiples questions qui peuvent se poser à propos de ce phénomène je me contenterai d'en poser trois:

A) **Comment** disparaissent les langues ? Cette question vise à examiner les cas de figure possibles de disparition et les facteurs qui peuvent y intervenir en la matière. Autrement dit, il s'agit de voir s'il y a lieu de considérer une **typologie du processus de la disparition des langues**.

B) Quels sont les **facteurs externes** qui conditionnent la disparition des langues ? Quels sont les faits **sociolinguistiques** qui balisent ce phénomène que nous essayons d'étudier ?

C) Y a-t-il des **facteurs internes** aux langues, des faits structuraux, qui accompagnent le processus de disparition ? Et si oui, de quelle manière se manifestent-ils et comment s'articulent-ils avec les facteurs externes mentionnés ci-dessus ?

Un certain nombre de chercheurs, dont le plus remarquable est Nancy Dorian[3], se sont penchés, au cours des dernières décennies, sur le problème de la mort des langues. Je vais essayer à mon tour de donner mon point de vue sur la question.

---

[*] Article publié en 1991, voir *Bibliographie*.
[1] Dans la mesure où la langue grecque n'a jamais cessé d'être parlée, sa désignation comme "langue morte" est inadéquate.
[2] Ana Maria GUERRA, 1989, *Fonología del yagan*.
[3] Nancy C. DORIAN, 1981, *Language death. The life cycle of a scottish gaelic dialect*; Nancy C. DORIAN (dir.), 1989, *Investigating obsolescence. Studies in language contraction and death*.

A. Comment disparaissent les langues ? Typologie

Le phénomène de la disparition est lié d'une façon très étroite au phénomène de contact des langues, ce qui signifie contact entre des communautés linguistiques, qui sont, par nature, des réalités sociales. De la spécificité, culturelle, sociale, historique, économique, démographique, politique et autre des communautés qui entrent en contact et de leurs relations réciproques, qui peuvent varier dans le temps, dépendra le destin des langues qui sont en jeu. Compte tenu, donc, de cette diversité, et sans prétendre à une exhaustivité, on peut distinguer entre plusieurs types de contacts :

1) entre les variétés régionales d'une même langue; par exemple, entre le **grec** des grandes villes et ses **dialectes locaux**. Ces derniers sont en train de disparaître;

2) entre une langue de grande diffusion disposant de l'écriture et une langue de tradition orale qui, par ailleurs, peut avoir beaucoup ou peu de locuteurs; on peut donner comme exemple l'**espagnol** et le **quechua** pour le premier cas et, l'**espagnol** et le **pilagá** (Gran Chaco, Argentine) pour le deuxième cas;

3) entre langues à tradition orale; par exemple entre le **tehuelche**[4] (Patagonie orientale) et le **mapuche**[5] ou **araucan** (sud du Chili); il faudrait mentionner le phénomène historique connu comme l'**araucanisation**[6] qui a eu son origine dans une migration massive des Araucans qui ont, au 17e siècle, traversé la Cordillère des Andes pour s'installer sur les territoires des Tehuelches. Ceci a eu pour résultat la perte du tehuelche pour une grande partie de ceux qui le parlaient et dont les descendants, aujourd'hui encore, parlent le mapuche;

4) entre langues de grande diffusion; les rapports du **français** avec l'**anglais** au Québec en fournissent un bon exemple;

5) entre des langues de la même famille ou des langues appartenant à des familles différentes; pour le premier cas, on peut citer l'**espagnol** et le **catalan** ou le **livonien** (Lettonie) et le **letton**, comme exemple de contact de langues de familles différentes on peut mentionner le **grec** et le **turc**[7] (Thrace occidentale et Istanbul), l'**espagnol** et le **basque**[8];

6) entre des langues qui sont langues nationales d'un état ou langues officielles d'une région, comme le **français** et le **catalan**, et langues sans statut officiel, comme le **breton**[9] ou le **guahibo** (Colombie);

7) entre langues qui disposent d'un territoire et d'autres qui ne se rattachent pas à un territoire particulier, comme la langue des **Tziganes** et le **judéo-espagnol** par exemple;

---

[4] Ana FERNANDEZ GARAY, 1998, *El tehuelche, una lengua en vías de extinción*, Valdivia; Christos CLAIRIS, 1999, El tehuelche y la dinámica lingüística.

[5] Adalberto SALAS, 1992, *El mapuche o araucano. Fonología, gramática y antología de cuentos.*

[6] Rita CEBALLOS, 1972, Les habitants de la Patagonie continentale argentine.

[7] Eleni SELLA-MAZI, 1999, *La minorité musulmane turcophone de Grèce : approche sociolinguistique d'une communauté bilingue.*

[8] Jean-Baptiste COYOS, 1999, *Le parler basque souletin des Arbailles. Une approche de l'ergativité.*

[9] Denis COSTAOUEC, 2002, *Quel avenir pour le breton populaire ? Enquête à La Forêt-Fouesnant.*

8) entre langues qui, tout en étant minoritaires dans le cadre d'une communauté géopolitique donnée, sont, par ailleurs, des langues nationales de pays indépendants. C'est le cas des langues des migrants, comme le **norvégien** aux États Unis, l'**italien** en Argentine, etc., et aussi le cas de certaines minorités historiques: le **hongrois** parlé en Roumanie ou dans le petit village d'Oberwart en Autriche, l'**arménien** parlé à Istanbul, etc.;

9) entre les langues de grande diffusion et des **créoles** qui en sont issus: créoles français (Haïti, Martinique, Guadeloupe), anglais (Jamaïque), portugais (Angola) etc.

Naturellement ces différents cas de contact ne déclenchent pas nécessairement un processus de disparition. Mais si le processus est déclenché, alors, me semble-t-il, ils conditionnent de manière différente l'évolution du processus; il faudrait, donc, pour élaborer une typologie et étudier la dynamique du phénomène, prendre en considération cette diversité de situations.

Revenons maintenant à la question du **comment** de la disparition. La réponse la plus simple est de dire qu'une langue disparaît quand ses locuteurs disparaissent. Pour ce qui est de la disparition des locuteurs je ne vois que deux possibilités:

a) quand ils cessent d'exister physiquement, c'est-à-dire quand on supprime leur existence physique; ceci correspond au génocide de plusieurs peuples d'Amérique. On peut aussi parler dans des cas de ce genre d'**assassinat** des langues. Comme exemple historique parmi d'autres on peut rappeler des événements connus, comme la "matanza" en Salvador qui a causé en 1932 la mort de 25.000 Indiens et la disparition des langues **lenca** et **cacaopera**.

b) quand les locuteurs eux-mêmes cessent de parler une langue. Ceci peut se faire de plusieurs manières. D'abord il faut considérer l'évolution naturelle d'une langue qui, avec le temps, comme dirait André Martinet, "change parce qu'elle fonctionne" étant sujette à la dynamique des facteurs internes et externes qui agissent sur elle. L'exemple le plus connu est offert par le **latin** dont l'évolution a donné lieu à la naissance des **langues romanes** et en quelque sorte à son absorption par ces dernières.

Il faut mentionner ensuite le cas où une langue, soumise à des pressions diverses, cède sa place à une autre. Normalement ceci se réalise graduellement, à la suite d'un changement de comportement des locuteurs. D'une part, ceux-ci commencent à limiter l'usage de leur langue d'origine à certaines situations de communication, d'autre part, ils empêchent ou ils ne favorisent pas la transmission de leur langue aux jeunes générations. Bien entendu, cette attitude des locuteurs est loin de représenter leur libre décision, mais elle est imposée par les contraintes socioculturelles, économiques, politiques, démographiques et autres. Les exemples de ce genre abondent sur tous les continents. La majorité des langues de minorités en Europe entre dans ce cas. C'est ainsi que le **breton** cède sa place au français en France, le **gaélique** à l'anglais en Grande Bretagne, le **livonien,** langue finno-ougrienne parlée par une centaine de personnes en Lettonie court un danger imminent de disparition au profit du letton, etc.

B. Les facteurs externes

La plupart des chercheurs qui se sont penchés jusqu'ici sur la question ont fait une bonne place à l'étude des facteurs externes ou "sociolinguistiques"; par conséquent je ne m'étendrai pas trop sur ce point.

Il me semble que nous pouvons envisager l'étude de ces facteurs selon deux points de vue:

a) du point de vue du rôle qu'ils jouent pour déterminer les conditions de domination d'une langue sur une autre. Il s'agit là de facteurs tels que les facteurs économiques, démographiques (y inclu le taux des naissances), culturels, éducationnels, de planification linguistique, politiques, etc.

b) du point de vue de la possibilité d'établir un diagnostic de **perte de vitalité** d'une langue donnée. Dans ce sens on peut énumérer entre autres:

1) la restriction des domaines et des situations de l'usage d'une langue.

Les travaux de Yolanda Hyperdinger [10] sur l'**allemand de la Volga**, parlé au sud de Buenos Aires illustrent bien ce cas;

2) la transmission seulement partielle d'une langue aux jeunes générations.

Dans de telles circonstances on assiste à la présence dans la communauté linguistique d'au moins deux types de locuteurs suivant la terminologie de Nancy Dorian, à savoir des **locuteurs fluides** qui sont considérés comme ayant pleine possession de leur langue et des **semilocuteurs** qui sont censés pratiquer leur langue avec des déviations jugées comme des erreurs par les locuteurs fluides. Une distinction plus fine dans ce sens est établie par Lyle Campbell et Martha Muntzel [11] qui font état:

• des locuteurs **S** "forts" *strong* ou "quasi pleinement compétents";

• des locuteurs **I** "imparfaits" *imperfect* qui font un usage raisonnablement fluide de leur langue; ils correspondent aux semilocuteurs de Nancy Dorian;

• des locuteurs **W** "faibles semilocuteurs" *weak semi-speakers*, avec une compétence encore plus restreinte dans leur langue;

• et des locuteurs **R** "qui se souviennent" *rememberers*, qui ont une faible réminiscence de leur langue, qui se souviennent seulement de quelques mots ou de quelques phrases.

C. Les facteurs internes

Nous essayerons, dans ce domaine, de déceler l'éventuelle présence de caractéristiques structurelles qui constitueraient des indices endolinguistiques liés à la dynamique spécifique du processus de disparition. Jusqu'à quel point peut-il y avoir correspondance entre les faits sociaux et les faits proprement linguistiques ? En principe, pour tous ceux qui conçoivent la langue comme institution sociale

---

[10] Yolanda HYPERDINGER, 1993, *El comportamiento lingüístico de los alemanes del Volga asentados en el sudoeste de la Provincia de Buenos Aires.*

[11] Lyle CAMPBELL and Martha C. MUNTZEL, 1989, The structural consequences of languages death.

devant répondre aux besoins communicatifs des membres d'une société, une telle hypothèse paraît légitime. Néanmoins, les faits sociaux ainsi que ceux proprement linguistiques étant extrêmement complexes, vu l'intervention d'innombrables facteurs non toujours mesurables, la vérification d'une telle hypothèse exige un maximum de prudence et de précautions.

André Martinet dans une conférence de 1973 [12] affirmait:

> "Quand on vit dans une communauté très limitée, il est beaucoup moins nécessaire de marquer les relations entre les éléments de l'expérience, parce que ces relations sont, en général, connues de tous. Au contraire, quand la communauté s'élargit, la complexité des relations humaines augmente, et cette complexité des relations humaines a pour effet de rendre plus variée et plus indispensable l'expression des relations syntaxiques. Il y a donc un parallélisme qui s'établit entre l'évolution de la complexité des relations dans la société et l'évolution de la complexité de relations en syntaxe."

Les recherches sur la disparition des langues tendent à confirmer cette affirmation de Martinet qui mettait en valeur l'interconnexion du social et du linguistique. Pour ma part, la tâche que je me propose c'est la recherche d'une **symptomatologie** des phénomènes structuraux qui seraient liés au processus de la disparition des langues. D'autres chercheurs ont déjà mentionné à ce propos des faits comme la *désintégration des langues*, la *perte des règles grammaticales*, la signification de l'*ordre* selon lequel cette *perte des règles* a lieu, etc. À partir de mes propres recherches qui ont porté sur les langues fuégiennes, celles des auteurs cités en bibliographie, ainsi que de l'expérience de chercheur comme Martine Delahaye, Ana Fernandez Garay, Ana Maria Guerra et José Pedro Viegas qui ont travaillé sous ma direction, je tâcherai d'inventorier les faits observés dans une majorité des cas de disparition recensés, que nous pourrions provisoirement considérer comme des symptômes liés à ce phénomène. Avant de les énumérer, il me semble nécessaire d'apporter certaines précisions:

1) les observations doivent porter sur tous les niveaux linguistiques, c'est-à-dire phonologie, syntaxe, morphologie, sémantique et lexique;

2) ce qui est significatif, pour qu'un fait particulier puisse être considéré comme symptôme lié à ce processus, est moins sa simple présence que sa fréquence quantitativement supérieure à celle attestée dans des langues qui ont toute leur vitalité. On rencontre, par exemple, dans toutes les langues des fluctuations de phonèmes, mais dans les cas de disparition, le nombre de fluctuations devient statistiquement plus important que d'ordinaire, raison pour laquelle nous les inclurons dans les symptômes recherchés;

3) il est bien entendu que les symptômes inventoriés ne doivent pas être tous présents dans tous les cas;

4) si la dynamique sociale se voyait modifiée, il va de soi que la dynamique linguistique changerait aussi d'orientation. Les changements sociopolitiques intervenus pendant les dernières années en Espagne ont évidemment influé sur le fonctionnement des langues régionales comme le catalan ou le basque par exemple. Néanmoins le passage d'une dynamique de disparition vers une dynamique de stabilisation ne conduirait pas automatiquement à la récupération des anciennes

---

[12] André MARTINET, 1974, *Sintaxis Funcional*.

structures affectées par le processus de disparition, mais plutôt à l'apparition de nouveaux faits structuraux caractéristiques de ce nouvel état des choses;

5) il sera sans doute difficile de distinguer, dans certains cas, si un fait particulier est dû à un simple contact de langues ou s'il est la manifestation d'un processus de disparition de la langue.

Ces précisions faites, voici maintenant quelques faits qui semblent être liés à un processus de disparition :

1) La présence d'un grand nombre de **fluctuations de phonèmes**[13]. Cette hypothèse présentée par Wolfgang Dressler[14] se confirme par nos recherches sur le qawasqar[15] et d'autres langues amérindiennes. En effet, en qawasqar, non seulement tous les phonèmes sont soumis à des fluctuations, mais également, rares sont les exemples où les oppositions phonologiques fonctionnent pleinement.

2) La **réduction du système phonologique**. On retiendra par exemple la tendance à la disparition de la série des glottalisées en qawasqar et tehuelche.

3) La **simplification morphologique**. La simplification conduit à une régularisation analogique d'un paradigme grammatical complexe. C'est le cas par exemple du pluriel en breton où parmi les différentes possibilités de pluralisation seul semble rester le procédé par "suffixation", à savoir l'ajout d'un -s.

4) Le développement d'une **syntaxe facultative**. Dans ce cas, certaines relations syntaxiques peuvent être ou non explicitées dans le message. Ceci veut dire que la langue, tout en disposant de moyens pour indiquer certains rapports, n'en fait usage que facultativement, confiant, le cas échéant, l'indication de ces rapports au contexte et à l'apport situationnel. En qawasqar, par exemple, nous avons un *groupe* de "spécificateurs" dont le rôle consiste à indiquer le prédicat; néanmoins leur présence n'est pas obligatoire. Nous pouvons rencontrer, par exemple, aussi bien :

	ce	*cefalajqha*	*qjexena*	*jenaq*
	pers.1	vin	aimer	spéc.exist.
que:	*ce*	*cefalajqhar*	*qjexena*	

pour: "J'aime le vin".

5) La **perte de la richesse stylistique**, c'est-à-dire la tendance à ce qu'on peut appeler un "**monostyle**".

6) La **diminution des marques de fonctions syntaxiques**. Les marques de fonctions syntaxiques tendent à devenir rares et nous pouvons rencontrer une syntaxe où justement l'indication des rapports entre les unités est prise en charge par l'apport situationnel. Le qawasqar présente un cas extrême allant dans ce sens. Ainsi dans les exemples ci-dessous :

530	*tares*	*teltelqhar*	*qaqa*
	cahier	genoux	avoir

"Tu as le cahier sur les genoux"

581	*afcar*	*qjawel*	*at*
	bois à brûler	spéc.nég.	maison

"Il n'y a pas de bois dans la maison"

---

[13] Christos CLAIRIS, 1991, Identification et typologie des fluctuations.

[14] Wolfgang DRESSLER, 1972, On the phonology of language death, et Wolfgang DRESSLER, 1981, Language shift and language death. A protean challenge for the linguist.

[15] Christos CLAIRIS, 1987, *El qawasqar. Lingüística fueguina. Teoría y descripción*, pp. 403-423.

7) La **polysémie** signalée par Sala [16] à propos du judéo-espagnol de Roumanie.

8) Une grande quantité d'**interférences** d'autres langues.

9) La **perte d'habitudes sociolinguistiques et pragmatiques** dans l'usage de la langue, c'est-à-dire la perte de l'aptitude à utiliser les formes linguistiques appropriées et à avoir le comportement approprié pour une situation de communication donnée [17].

La liste des observations faites s'arrête pour l'instant ici. Elle est bien entendu susceptible d'être enrichie, approfondie et corrigée par de nouvelles recherches. Au point de développement où se trouve actuellement la linguistique, la prise en charge de l'étude de la dynamique des langues, y inclus la dynamique de leur disparition, semble s'imposer.

---

[16] Marius SALA, 1970, *Estudios sobre el judeoespañol de Bucarest.*

[17] Voir les observations faites à propos de Arvanitika par Lukas TSITSIPIS, 1989, Skewed performance and full performance in language obsolescence: The case of an Albanian variety, et Lukas D. TSITSIPIS, 1991, Terminal-fluent speaker interaction and the contextualization of deviant speech.

BIBLIOGRAPHIE INDICATIVE

RÉFÉRENCES DES REVUES ET COLLECTIONS CITÉES

Bulletin de la Société de Linguistique de Paris, Paris, Klincksieck
Bulletin des études africaines de l'Inalco, Paris, INALCO (Institut National des Langues et Civilisations Orientales)
Dilbilim, Istanbul, Edebiyat Fakültesi Basimevi
Fijian language studies: Borrowing and pidginization, Fiji, Fiji Museum, Suva
Folia Linguistica, The Hague, Mouton
International Journal of American Linguistics, The University of Chicago Press
Journal of Pragmatics, North-Holland, Elsevier Science Publishers
La Bretagne Linguistique, Brest, GRELB
La langue française, Paris, Larousse
La Linguistique, Paris, Presses Universitaires de France
Objets et Mondes, Paris, Musée de l'Homme
Papers from the 8th Regional Meeting, Chicago, Chicago Linguistic Society
Studies in Peruvian Indian Languages, University of Oklahoma, Summer Institute of Linguistics
Travaux du SELF, Paris, Université René Descartes, Sorbonne
Travaux du Séminaire de Linguistique Fonctionnelle, Paris, Sorbonne

BCILL, Bibliothèque des Cahiers de l'Institut de Linguistique de Louvain
CILL, Cahiers de l'Institut de Linguistique de Louvain
SELAF: B, Bibliothèque; NS, Numéros Spéciaux; TO, Tradition Orale

AKAMATSU Tsutomu – 1988, *The theory of neutralization and the archiphoneme in functional phonology*, Amsterdam, John Benjamin, 533 p.

ALARCOS LLORACH Emilio – 1994, *Gramática de la lengua española*, Madrid, Espasa Calpe, 406 p.

ALLIÈRES, Jacques – 1954, Un exemple de polymorphisme phonétique: le polymorphisme de l' -s implosif en gascon garonnais, *Via Domitia, I*, Annales publiées par la Faculté des Lettres de Toulouse III(4):70-107.

– 1962, Aspects géographiques et diachroniques de la phonétique: le polymorphisme, *Actes du IVe Congrès de Sciences Phonétiques de Helsinki*, pp. 524-532.

– 1985, Statut et limites du polymorphisme morphologique. Le verbe dans la grammaire cantabrique basque de Pierre d'Urte (1712), *in* José L. MELENA (éd.), *Symbolae Ludovico Mitxelena Septuagenario Oblatae*, Victoriaco Vasconum, pp. 899-919.

ARNAULD Antoine et Claude LANCELOT – 1969 (1ère éd. 1660), *Grammaire générale et raisonnée*, Paris, Republications Paulet, 157 p.

BASSET Louis et Marcel PÉRENNEC (dirs) – *s.d.*, *Les classes de mots. Traditions et perspectives*, Lyon, Presses Universitaires de Lyon, 365 p.

BÉLIYANNI Hélène – 1996, L'évolution de l'infinitif en grec. Un cas d'économie linguistique, *La Linguistique* 32(1):133-142.

BENTOLILA Fernand – 1981, *Grammaire fonctionnelle d'un parler berbère*, Paris, SELAF (TO 46), 448 p.

– 1990, Esquisse du système verbal français, *Dilbilim* IX:43-49.

BENTOLILA Fernand (coord.) – 1988, Autour du verbe, *La Linguistique* 24(1):3-141.

BENTOLILA Fernand (dir.) – 1998, *Systèmes verbaux*, Louvain-la-Neuve, Peeters (BCILL 98), 334 p.

BENVENISTE Émile – 1966 et 1974, *Problèmes de linguistique générale*, 2 vol., Paris, Gallimard, 356 p. et 288 p.

– 1969, *Le vocabulaire des institutions indo-européennes*, Paris, Minuit, 340 p.

BLOOMFIELD Leonard – 1970, (éd. de l'original en anglais 1933), *Le langage* (trad. de Janick GAZIO), Paris, Payot, 525 p

BOUQUIAUX Luc – 2004, *Linguistique et ethnolinguistique*, Paris, Peeters-SELAF (NS 29), 466 p.

BOUQUIAUX Luc et Jacqueline M.C. THOMAS (éds) – 1976, (1ère éd. 1971), *Enquête et description des langues à tradition orale*, 3 vol., Paris, SELAF (NS 1), 950 p.

BRÉAL Michel – 1924, (1ère éd. 1897), *Essai de sémantique. Science des significations*, Paris, Hachette, 372 p.

BUILLES Jean-Michel – 1986, L'alternance libre de phonèmes en malgache, *Bulletin des études africaines de l'Inalco* VI(11):43-51.

– 1998, *Manuel de linguistique descriptive*, Paris, Nathan, 414 p.

BUREAU Conrad – 1976, *Linguistique fonctionnelle et stylistique objective*, Paris, P.U.F., 264.

BUREAU Conrad (rapporteur) – 1981, Une stylistique fonctionnelle est-elle possible? *Proceedings: 7th International Colloquium of Functional Linguistics, St Andrews, 1-6 September 1980*, St Andrews, pp. 31-59.

CALVET Louis-Jean – 1974, *Linguistique et colonialisme: petit traité de glottophagie*, Paris, Payot.

– 1987, *La guerre des langues et les politiques linguistiques*, Paris, Payot, 294 p.

CAMPBELL Lyle et Martha C. MUNTZEL – 1989, The structural consequences of language death, *in* DORIAN (dir.), *Investigating obsolescence*, pp. 181-196.

CEBALLOS Rita – 1972, Les habitants de la Patagonie continentale argentine, *Objets et Mondes* 12(2):117-126.

CHAMOREAU Claudine – 1996, À propos des langues menacées de disparition: bibliographie critique, *Travaux du SELF* 5:75-97.

– 2000, *Grammaire du purépecha, parlé sur des îles du lac de Patzcuaro*, München, Lincom Europa, 336 p.

CHOMSKY Noam et Morris HALLE – 1968, *The sound pattern of English*, New York, Harper & Row, 470 p.

CLAIRIS Christos – 1977, Première approche du qawasqar, *La linguistique* 13(1):145-152.

– 1981, La fluctuation des phonèmes, *Dilbilim* VI:99-110.

– 1984, Classes, groupes, ensembles, *La Linguistique* 20(1):3-10.

– 1985, De la morphologie, *La linguistique* 21(1):177-184.

– 1987, *El qawasqar. Lingüística fueguina. Teoría y descripción*, Valdivia, Estudios Filológicos, 530 p.

– 1988, Dynamique de la disparition, *Actes du XIVe Colloque International de Linguistique Fonctionnelle, Elseneur 1987*, Louvain-la-Neuve, Peeters (CILL 14.1-2), pp. 99-101.

– 1991, Identification et typologie des fluctuations, *Bulletin de la Société de Linguistique de Paris* LXXXVI(1):19-35.

– 1991, Le parasynthème ce méconnu, *La Linguistique* 28(1):95-99.

– 1991, Le processus de disparition des langues, *La Linguistique* 27(2):3-13.

– 1995, La réforme linguistique en Turquie, *La Bretagne Linguistique* 10:153-157.

– 1995, Le "sujet" a-t-il un sens?, *Actes du XIXe Colloque International de Linguistique Fonctionnelle, Coïmbra, 21-26 mai 1993*, Coimbra, Faculdade de Letras da Universidade, pp. 145-148.

– 1996, À la recherche du signifié syntaxique, *Hommage à Denise François-Geiger, (1934-1993)*, Louvain-la-Neuve, Peeters (CILL 22.1-2), pp. 23-28.

– 1996, Les langues menacées: Observatoire de la dynamique linguistique, *Actes du XXIe Colloque International de Linguistique Fonctionnelle*, Iasi-Roumanie, Université Al. L. Cuza, pp. 159-163.

– 1997, Qu'est-ce qu'une fonction? *Omagiu lui Grigore Cincilei*, Univarsitatea de Stat din Moldova, Chisinau, Moldavie, pp. 54-61; – 1999, reproduit dans *Travaux du Séminaire de Linguistique Fonctionnelle* 6:11-20.

– 1999, El tehuelche y la dinámica lingüística, Bahía Blanca, Argentina, Departamento de Humanidades, Universidad Nacional del Sur, *Cuadernos del Sur, Letras* 27:93-98.

– 1999, Soulevons le "lièvre"..., *Actes du XXIIIᵉ Colloque International de Linguistique Fonctionnelle, 1999 Lugano*, Paris, Université René Descartes, pp. 131-134.

CLAIRIS Christos (dir.) – 2005, *Travaux de linguistique fonctionnelle*, Paris, L'Harmattan, 347 p.

CLAIRIS Christos et Georges BABINIOTIS – 1999, Τυπολογία τῆς συνδετικῆς σύνταξης (Typologie de la syntaxe connective), *Proceedings of the 4nd International Conference on Greek Linguistics*, Nicosie-Chypre, pp. 180-185.

– 2002, Η λειτουργία τῆς εξειδίκευσης στη γλώσσα (La spécification linguistique), *in* Christos CLAIRIS (éd.), *Recherches en Linguistique Grecque*, vol. I, Paris, L'Harmattan, pp. 83-86.

– 2005, *Γραμματική τῆς Νέας Ελληνικῆς. Δομολειτουργική-Επικοινωνιακή (Grammaire du grec moderne. Structurale, fonctionnelle et communicationnelle)*, Athènes, Ellinika Grammata, 1162 p. (publié aussi en volumes séparés à partir de 1996).

CLAIRIS Christos, Claudine CHAMOREAU, Denis COSTAOUEC, Françoise GUERIN – 2005, *Typologie de la syntaxe connective*, Presses Universitaires de Rennes (sous presse).

COHEN David – 1973, Variantes, variétés dialectales et contacts linguistiques en domaine arabe, *Bulletin de la Société de Linguistique de Paris* 68(1):215-248.

– 1989, *L'aspect verbal*, Paris, P.U.F., 272 p.

COMRIE Bernard – 1976, *Aspect*, Cambridge University Press, 142 p.

– 1981, *Language universals and linguistic typology*, Oxford, Basil Blackwell, 252 p.

COSERIU Eugenio – 1962, *Teoría del lenguaje y lingüística general*, Madrid, Gredos, 327 p.

COSTAOUEC Denis – 1998, Sociolinguistique et étude des changements linguistiques en synchronie, *La Bretagne Linguistique* 11:115-119.

– 2002, *Quel avenir pour le breton populaire? Enquête à La Forêt-Fouesnant*, Brest, Brud Nevez, 151 p.

COYOS Jean-Baptiste – 1999, *Le parler basque souletin des Arbailles. Une approche de l'ergativité*, Paris, L'Harmattan, 432 p.

CROFT William – 1990, *Typology and universals*, Cambridge University Press, 311 p.

DEBATY-LUCA Thierry – 1986, *Théorie fonctionnelle de la suffixation*, Paris, Les Belles Lettres, 345 p.

DIK Simon C. – 1978, *Functional grammar*, Dordrecht, Foris, 230 p.

– 1980, *Studies in functional grammar*, Londres, Academic Press, 245 p.

DIXON Robert M.W. – 1994, *Ergativity*, Cambridge University Press, 271 p.

– 1997, *The rise and fall of languages*, Cambridge University Press, 169 p.

DORIAN Nancy C. – 1981, *Language death. The life cycle of a scottish gaelic dialect*, Philadelphia, University of Pennsylvania Press, 206 p.

DORIAN Nancy C. (dir.) – 1989, *Investigating obsolescence. Studies in language contraction and death*, Cambridge University Press, 446 p.

DRESSLER Wolfgang – 1972, On the phonology of language death, *Papers from the 8th Regional Meeting*, pp. 448-457.

– 1981, Language shift and language death. A protean challenge for the linguist, *Folia Linguistica* XV(1-2):5-28.

DUCOS Gisèle – 1983, Plurilinguisme et descriptions de langues, *La Linguistique* 19(2):55-70.

DUCROT Oswald – 1984, *Le dire et le dit*, Paris, Minuit, 239 p.

DUCROT Oswald et Tzvetan TODOROV – 1972, *Dictionnaire encyclopédique des sciences du langage*, Paris, Seuil, 470 p.

DUCROT Oswald et Jean-Marie SCHAEFFER – 1995, *Nouveau dictionnaire encyclopédique des sciences du langage*, Paris, Seuil, 670 p.

FERNANDEZ GARAY Ana – 1998, *El tehuelche, una lengua en vías de extinción*, Valdivia, Estudios Filológicos, 481 p.

FEUILLARD Colette – 1985, La syntaxe fonctionnelle, *La Linguistique* 21:185-206.

– 1996, L'économie syntaxique: cumul et mise en facteur commun, *La Linguistique* 32(1):91-102.

– 2005, La mise en relief et ses procédés, *in* CLAIRIS (dir.), *Travaux de linguistique fonctionnelle*, Paris, pp. 193-203.

FEUILLET Jack – 1988, *Introduction à l'analyse morphosyntaxique*, Paris, P.U.F., 223 p.

FRANÇOIS Denise – 1969, Autonomie syntaxique et classement des monèmes, *in* André MARTINET (dir.), *La linguistique. Guide alphabétique*, Paris, Éditions Denoël, pp. 18-24.

– 1974, *Français parlé*, Paris, SELAF (NS 2), 842 p.

– 1975, Les auxiliaires de prédication, *La Linguistique* 11(1):31-40.

FRANÇOIS-GEIGER Denise – 1990, *À la recherche du sens. Des ressources linguistiques aux fonctionnements langagiers*, Paris, Peeters-SELAF (NS 22), 279 p.

FRANÇOIS Frédéric – 1968, La description linguistique, dans André MARTINET (dir.), *Le langage. Encyclopédie de la Pléiade*, Paris, Gallimard, pp. 171-282.

– 1970, De l'autonomie fonctionnelle, *La Linguistique* 6(1):5-21.

FREI Henri – 1929, La grammaire des fautes (rééd. 1971), Genève, Slatkine Reprints, 319 p.

GAULMYN M.-M DE et S. REMI-GIRAUD (dirs) – 1991, *À la recherche de l'attribut*, Lyon, Presses Universitaires de Lyon, 319 p.

GIACALONE RAMAT Anna – 1983, Language shift and language death, a review of Nancy C. DORIAN, *Language Death* and Susan GAL, Language Shift, *Folia Linguistica* XVII(1-4):495-508.

GREENBERG Joseph – 1963, Some universals of grammar with particular reference to the order of meaningful elements, *in* J. GREENBERG (éd.), *Universals of language*, M.I.T. Press, pp. 58-90.

GREIMAS A.J. – 1966, *Sémantique structurale*, Paris, Larousse, 262 p.

GUERIN Françoise – 2001, *Description de l'ingouche : parler du centre nord du Caucase*, München, Lincom Europa, 421 p.

GUERRA Ana Maria – 1989, *Fonología del yagan* (thèse pour le grade de magister), Valparaíso, Universidad de Playa Ancha de Ciencias de la Educación, 217 p.

GUMPERZ John J. – 1989, (éd. de l'original anglais 1982, *Discourse strategies*), *Sociolinguistique interactionnelle. Une approche interprétative* (trad. URA 1041 du CNRS), Paris, L'Harmattan, 243 p.

GUTIÉRREZ ORDOÑEZ Salvador – 1986, *Variaciones sobre la atribución*, León, Universidad de León, 278 p.

– 1989, *Introducción a la semántica funcional*, Madrid, Sintesis, 168 p.

– 1997, *Principios de sintaxis funcional*, Madrid, Arco Libros, 598 p.

HAGÈGE Claude – 1970, *La langue mbum de Nganha (Cameroun), Phonologie-Grammaire, I-II*, Paris, SELAF (B 18-19), 366 p.

– 1975, *Le problème linguistique des prépositions et la solution chinoise (avec un essai de typologie à travers plusieurs groupes de langues)*, Leuven, Peeters, 429 p.

– 1976, *La grammaire générative. Réflexions critiques*, Paris, P.U.F., 244 p.

– 1978, Du thème au thème en passant par le sujet. Pour une théorie cyclique, *La Linguistique* 14(2):3-38.

– 1982, *La structure des langues*, Paris, P.U.F., 126 p.

– 2000, *Halte à la mort des langues*, Paris, Odile Jacob, 402 p.

HAGÈGE Claude et André G. HAUDRICOURT – 1978, *La phonologie panchronique*, Paris, P.U.F., 224 p.

HALLIDAY M.A.K. – 1985, *An introduction to functional grammar*, Londres, Edward Arnold, 387 p.

HARRIS Zellig S. – 1951, *Structural linguistics*, Chicago & Londres, The University of Chicago Press, 384 p.

HAUDRICOURT André G. – 1972, Problèmes de phonologie diachronique, Paris, SELAF (TO 1), 392 p.

HJELMSLEV Louis – 1969, (éd. de l'original en danois 1963), *Le langage* (trad. par Michel OLSEN), Paris, Minuit, 203 p.

– 1971, (éd. de l'original en danois 1943), *Prolégomènes à une théorie du langage* (trad. par Una CANGER), Paris, Minuit, 233 p.

– 1971, *Essais linguistiques*, Paris, Minuit, 283 p.

HOCKETT Charles F. – 1958, *A course in modern linguistics*, New York, The Macmillan Company, 621 p.

HOMÈRE – 1972, *Iliade* (trad. par Paul MAZON), Paris, Les Belles Lettres.

HOUDEBINE Anne-Marie – 1978, *La variété et la dynamique d'un français régional* (thèse pour le doctorat d'état), Paris, Université René Descartes.

– 1979, L'opposition d'aperture / e /~/ ɛ / en français contemporain, *La Linguistique* 15(1):111-125.

– 1983, Sur les traces de l'imaginaire linguistique, *in* Verena AEBISHER et Claire FOREL (éds), *Parlers masculins, Parlers féminins ?*, Paris, Delachaux et Niestlé, pp. 105-139.

– 1985, Pour une linguistique synchronique dynamique, *La Linguistique* 21:7-36.

HOUDEBINE-GRAVAUD Anne-Marie (dir.) – 2002, *L'imaginaire linguistique*, Paris, L'Harmattan, 153 p.

HYMES Dell H. – 1984, *Vers la compétence de communication* (trad. de l'anglais par France MUGLER), Paris, Hatier-CREDIF, 219 p.

HYPERDINGER Yolanda – 1993, *El comportamiento lingüístico de los alemanes del Volga asentados en el sudoeste de la Provincia de Buenos Aires* (thèse de doctorat), Bahía Blanca, Universidad Nacional del Sur.

JAKOBSON Roman – 1963, *Essais de linguistique générale* (trad. de l'anglais par Nicolas RUWET), Paris, Minuit, 260 p.

– 1973, *Essais de linguistique générale. 2. Rapports internes et externes du langage*, Paris, Minuit, 319 p.

JESPERSEN Otto – 1971 (éd. de l'original anglais 1924), *La philosophie de la grammaire* (trad. par Anne-Marie LÉONARD), Paris, Minuit, 515 p.

KAVOUKOPOULOS Fotis – 1988, *Les expansions casuelles et prépositionnelles du prédicat. Essai de syntaxe homérique* (thèse de doctorat), Paris, Université René Descartes, 4 vol., 1156 p.

KEENAN Edward L. – 1976, Towards a universal definition of "subject", *in* Charles N. LI (ed.), *Subject and Topic*, New York, Academic Press, p. 303-333.

KEY Mary Ritchie, 1968, *Comparative Tacanan Phonology*, The Hague-Paris, Mouton, 107 p.

– 1968, Phonemic pattern and phoneme fluctuation in bolivian chama (tacanan), *La Linguistique* 2:35-48.

– 1975, *Male/female language, with a comprehensive bibliography*, Metuchen, N.J., The Scarecrow Press, 200 p.

– 1975, *Paralanguage and kinesics (Nonverbal communication)*, Metuchen, N.J., The Scarecrow Press, 246 p.

– 1976, La fluctuación de fonemas en la teoría fonológica, Universidad Católica de Valparaíso, *Signos* 9(1):137-143.

– 1977, *Nonverbal communication: A research guide & bibliography*, Metuchen, N.J., The Scarecrow Press, 439 p.

– 1978, Araucanian genetic relationships, *International Journal of American Linguistics* 44(4):280-293.

– 1979, Phoneme fluctuation and minimal pairs in language change, *in* Mortéza MAHMOUDIAN (éd.), *Linguistique fonctionnelle: débats et perspectives*, Paris, P.U.F, pp. 305-310.

LABOV William – 1976 (éd. de l'original anglais 1972, *Sociolinguistic patterns*), *Sociolinguistique* (trad. par Alain KIHM), Paris, Minuit, 459 p.

LALLOT Jean – 1989, *La grammaire de Denys le Thrace*, Paris, CNRS Éditions, 281 p.

– 1997, *Apollonius Dyscole. De la construction* (texte et traduction avec notes), 2 vol., Paris, Vrin, 992 p.

LAMB Sydney M. – 1966, *Outline of stratificational grammar*, Washington, D.C., Georgetown University Press, 109 p.

LAUNEY Michel – 1994, *Une grammaire omniprédicative. Essai sur la morphosyntaxe du nahuatl classique*, Paris, CNRS Éditions, 302 p.

LAZARD Gilbert – 1994, *L'actance*, Paris, P.U.F., 285 p.

LEFEBVRE Anne – 1984, *Lille parle: du nombre et de la variété des registres langagiers; étude sociolinguistique du parler de la région lilloise* (thèse de doctorat d'état), Paris, Université René Descartes, 671 p.

LEHMANN Christian – 1995, *Thoughts on grammaticalisation*, München, Lincom, 192 p.

LEMARÉCHAL Alain – 1989, *Les parties du discours. Sémantique et syntaxe*, Paris, P.U.F., 272 p.

– 1997, *Zéro(s)*, Paris, P.U.F., 254 p.

LÉON Pierre – 1971, *Essais de phonostylistique*, Montréal-Paris-Bruxelles, Didier, 185 p.

LYONS John – 1971, *Introduction to theoretical linguistics*, Cambridge University Press, 519 p.

MAHMOUDIAN Mortéza – 1970, *Les modalités nominales du français. Essai de syntaxe fonctionnelle*, Paris, P.U.F., 280 p.

MAHMOUDIAN Mortéza (dir.) – 1976, *Pour enseigner le français*, Paris, P.U.F., 428 p.

MAHMOUDIAN Mortéza (éd.) – 1979, *Linguistique fonctionnelle. Débats et perspectives*, Paris, P.U.F., 312 p.

MALMBERG Bertil – 1966, *Les nouvelles tendances de la linguistique*, Paris, P.U.F., 343 p.

MANESSY Gabriel – 1995, *Créoles, pidgins, variétés véhiculaires. Procès et genèse*, Paris, CNRS Éditions, 277 p.

MAROUZEAU Jules – 1969 (1ère éd. 1933, 3ème éd. augmentée et mise à jour 1951), *Lexique de la terminologie linguistique*, Paris, Paul Geuthner, 267 p.

MARTIN Pierre – 1988, Fluctuations et flottements vocaliques en franco-canadien, *Actes du XIVᵉ Colloque International de Linguistique Fonctionnelle, Elseneur*, Louvain-la-Neuve, Peeters (CILL 14.1-2), pp. 223-228.

– 1989, Fluctuations, flottements et oscillations, en franco-canadien, *Dilbilim* VIII:87-100.

– 1996, *Éléments de phonétique avec application au français*, Québec, Les Presses de l'Université Laval, 253 p.

– 1997, *Manuel de phonologie fonctionnelle*, Québec, Centre International de Recherche en Aménagement Linguistique, 254 p.

MARTINET André – 1939, *La description phonologique avec application au parler franco-provençal d'Hauteville (Savoie), Revue de linguistique romane* 15 (mais parue, en fait, en 1945); reproduit comme monographie, Paris-Genève, Droz-Minard, 1956, 109 p.

– 1955, *Économie des changements phonétiques*, Berne, Francke Verlag, 396, rééd. révisée par l'auteur 2005, Maisonneuve & Larose, 290 p.

– 1965, De la morphologie, *La Linguistique* I(1):15-30.

– 1967, Syntagme et synthème, *La Linguistique* 3(2):1-14.

– 1969, Analyse linguistique et présentation des langues, *Annali de la Facoltà di Magistero dell'Università di Palermo*, pp. 143-158.

– 1969, Réalisations identiques de phonèmes différents, *La linguistique* 2:127-129.

– 1974, *Le français sans fard*, Paris, Presses Universitaires de France, 222 p.

– 1974, *Sintaxis Funcional*, Ediciones Universitarias de Valparaíso, 36 p.

– 1975, Diachronie et synchronie dynamique, *Évolution des langues et reconstruction*, Paris, P.U.F., pp. 5-10.

– 1975, *Évolution des langues et reconstruction*, Paris, P.U.F., 264 p.

– 1977, Les fonctions grammaticales, *La Linguistique* 13(2):3-14.

– 1979, *Grammaire fonctionnelle du français*, Paris, Didier, 276 p.

– 1980 (1ère éd.1960), *Éléments de linguistique générale*, Paris, Armand Colin, 223 p.

– 1983, Ce que n'est pas la phonologie, Paris, Larousse, *Langue Française* 60:6-13.

– 1985, *Syntaxe générale*, Paris, Armand Colin, 266 p.

– 1985, Thème, propos, agent et sujet, *La Linguistique* 21:207-220.

– 1986, *Des steppes aux océans. L'indo-européen et les "Indo-Européens"*, Paris, Payot, 274 p.

– 1989, *Fonction et dynamique des langues*, Paris, Armand Colin, 210 p.

MARTINET Jeanne – 1973, *Clefs pour la sémiologie*, Paris, Seghers, 255 p.

– 1999, Le synthème, bibliographie, *La Linguistique* 35(2):17-21.

MARTINET Jeanne (dir.) – 1972, *De la théorie linguistique à l'enseignement de la langue*, Paris, P.U.F., 239 p.

MOREL Mary-Annick et Laurent DANON-BOILEAU – 1998, *Grammaire de l'intonation*, Paris, OPHRYS, 231 p.

MOUNIN Georges – 1963, *Les problèmes théoriques de la traduction*, Paris, Gallimard, 297 p.

– 1967, *Histoire de la linguistique des origines au XXᵉ siècle*, Paris, P.U.F., 226 p.

– 1968, *Clefs pour la linguistique*, Paris, Seghers, 187 p.

– 1972, *La linguistique du XXᵉ siècle*, Paris, P.U.F., 253 p.

– 1992, Sur la mort des langues, *La linguistique* 28(2):149-158 p.

– 1994, *Travaux pratiques de sémiologie générale* (textes réunis et publiés par Alain BAUDOT et Claude TATILON), Toronto, GREF, 320 p.

PIKE Kenneth L. – 1968, *Phonemics: a Technic for Reducing Languages to writing*, Ann Arbor, Michigan, (1ère éd. 1947), 254 p.

PIKE Kenneth L. et Evelyn G. PIKE – 1983, *Text and Tagmeme*, London, Frances Pinter, 129 p.

– 1995, *L'analyse grammaticale. Introduction à la tagmémique* (trad. de l'anglais par Laurence BOUQUIAUX et Pierre DAUBY), Paris, Peeters-SELAF (NS 26), 484 p.

POTTIER Bernard – 1974, *Linguistique générale. Théorie et description*, Paris, Klincksieck, 339 p.

– 1992, *Sémantique générale*, Paris, P.U.F., 237 p.

– 2000, *Représentations mentales et catégorisations linguistiques*, Paris, Peeters, 317 p.

PRIETO Luis J. – 1966, *Messages et signaux*, Paris, P.U.F., 170 p.

RICH Furne – 1963, Arabela phonemes and high-level phonology, *Studies in Peruvian Indian Languages* I:193-206.

SALA Marius – 1970, *Estudios sobre el judeoespañol de Bucarest*, México, Universidad Nacional Autónoma de México, 196 p.

SALAS Adalberto – 1992, *El mapuche o araucano. Fonología, gramática y antología de cuentos*, Madrid, MAPFRE (Colección lenguas y literaturas indígenas), 398 p.

SAPIR Edward – 1967 (éd. de l'original en anglais 1920), *Le langage* (trad. par S.M. GUILLEMIN), Paris, Payot, 232 p.

SAUSSURE Ferdinand de – 1916, *Cours de linguistique générale* (éd. critique préparée par Tulio DE MAURO), 1980, Paris, Payot, 510 p.

SCHOGT Henry G. – 1976, *Sémantique synchronique: synonymie, homonymie, polysémie*, University of Toronto Press, 135 p.

SCHÜTZ Albert – 1979, English loanwords in fijian, *Fijian language studies: Borrowing and pidginization*, pp. 1-50.

SELLA-MAZI Eleni – 1999, *La minorité musulmane turcophone de Grèce: approche sociolinguistique d'une communauté bilingue*, Corfou, Troxalia, 438 p.

SERBAT Guy – 1981, *Cas et fonctions*, Paris, P.U.F., 211 p.

STATI Sorin – 1990, *Le transphrastique*, Paris, P.U.F., 172 p.

STEFANINI Jean – 1994, *Histoire de la grammaire*, Paris, CNRS Éditions, 287 p.

SWIGGERS Pierre – 1997, *Histoire de la pensée linguistique*, Paris, P.U.F., 312 p.

TABOURET-KELLER Andrée – 1969, La motivation des emprunts, *La Linguistique* 5(1):25-60.

– 1982, Entre bilinguisme et diglossie: du malaise des cloisonnements universitaires au malaise social, *La Linguistique* 18(1):17-43.

TCHEKHOFF Claude – 1978, *Aux fondements de la syntaxe: l'ergatif*, Paris, P.U.F., 202 p.

TESNIÈRE Lucien – 1959, *Éléments de syntaxe structurale*, Paris, Klincksieck, XXVI + 670 p.

THOMAS Jacqueline M.C., Luc BOUQUIAUX et France CLOAREC-HEISS – 1976, *Initiation à la phonétique articulatoire et distinctive*, Paris, P.U.F., 253 p.

TROUBETZKOY Nicolas S. – 1957 (trad. par Jean CANTINEAU, 1ère éd. 1949), *Principes de phonologie*, Paris, Klincksieck, XXXIV+396 p.

TRUDGILL Peter – 1986, *Dialects in contact*, Oxford, Basil Blackwell, 174 p.

TSITSIPIS Lukas – 1989, Skewed performance and full performance in language obsolescence: The case of an Albanian variety, *in* DORIAN (dir), *Investigating obsolescence.* pp. 117-137.

– 1991, Terminal-fluent speaker interaction and the contextualization of deviant speech, *Journal of Pragmatics* 15(2):143-163.

VALTCHEVA Dragomira – 2001, Δυναμική τής γλώσσας των βυζαντινών μυθιστορημάτων: οι παραλλαγές στη δήλωση των τοπικών σχέσεων, *in* Christos CLAIRIS (éd.), *Recherches en linguistique grecque*, vol. II, Paris, L'Harmattan, pp. 299-302.

VARDAR Berke – 1984, *Une introduction à la phonologie*, Istanbul, Acar, 163 p.

– 1989, André Martinet et la linguistique fonctionnelle, *Hommage à André Martinet à l'occasion de son 80e anniversaire*, Istanbul, Librairie ABC, pp. 51-59.

VENDRYES Joseph – 1968 (1ère éd. 1921), *Le langage*, Paris, Albin Michel, 444 p.

WALTER Henriette – 1976, *La dynamique des phonèmes dans le lexique français contemporain*, Paris, France Expansion, 481 p.

– 1977, *La phonologie du français*, Paris, PUF, 162 p.

– 1982, *Enquête phonologique et variétés régionales du français*, Paris, PUF, 253 p.

– 1983, La nasale vélaire. Un phonème du français?, *La langue française* 60:14-29.

– 1984, Entre la phonologie et la morphologie. Variantes libres et fluctuations, *Folia linguistica* XVIII(1-2):65-72.

– 1988, *Le français dans tous les sens*, Paris, Robert Laffont, 384 p.

– 1988, Les changements phonétiques "vrais" et les autres. Les fluctuations sont-elles inévitables?, *Actes du XIIIe Colloque International de Linguistique Fonctionnelle, Corfou 1986*, Athènes, pp. 49-51.

WALTER Henriette et Gérard – 1988, *Bibliographie d'André Martinet et comptes rendus de ses œuvres*, Paris, Peeters-SELAF (NS 20), 114 p. (et complément de 24 pages en 1998).

WEINREICH Uriel – 1953, *Languages in contact*, New York, Publications of the Linguistic Circle of New York, rééd. en 1963, The Hague, Mouton, 149 p.

WHORF Benjamin Lee – 1956, *Language, Thought & Reality*, Cambridge, The M.I.T. Press, 278 p.

GLOSSAIRE DE QUELQUES TERMES UTILISÉS

ACTUALISATION
: L'actualisation consiste à conférer à un monème le rôle de noyau. Elle correspond à une relation d'implication réciproque, le noyau ayant besoin de l'actualisateur pour fonctionner et réciproquement. Cette relation peut aussi bien représenter une détermination simple qu'une relation de type fonctionnel comme c'est le cas d'un verbe actualisé par la fonction sujet.

  L'élément déterminant sert, en quelque sorte, à mettre en marche la langue, ou en d'autres termes à "actualiser le prédicat". Il est indispensable, en tant qu'actualisateur, pour que l'auditeur n'hésite pas à identifier ce qu'il entend comme un énoncé et non comme le produit d'un mouvement réflexe.

AFFIXES
: Le terme d'*affixes (préfixes, suffixes, infixes)* est réservé aux éléments de dérivation. Il s'agit de monèmes *toujours conjoints*, c'est-à-dire de monèmes qui n'apparaissent que dans le cadre de synthèmes et pour lesquels on ne prévoit pas de classes particulières.

APPOSITION
: Expansion qui apporte une information supplémentaire relative à une réalité dès le départ bien définie mais qui, si l'on supprime la marque éventuelle du rapport appositif, se présente dans le même rapport que son noyau avec le reste de l'énoncé: *Henri IV, roi de France* (A. Martinet, *Syntaxe générale*, p. 114).

ATTRIBUT
: Relation syntaxique (fonction ou détermination simple) qui permet d'attribuer une qualité à un élément par l'intermédiaire d'un verbe ou d'un connecteur spécialisé.

CLASSE SYNTAXIQUE
: Groupement de monèmes et synthèmes selon leurs compatibilités et en tenant compte de leurs exclusions mutuelles. Les parasynthèmes également se regroupent en classes qui leur sont propres.

COMPATIBILITÉ
: Faculté de deux ou plus de deux monèmes ou synthèmes d'une langue donnée d'être employés ensemble et liés dans une relation syntaxique.

COMPATIBILITÉS SPÉCIFIQUES
: Celles qui indiquent un rapport particulier avec une classe, comme c'est le cas des modalités verbales en français.

CONNECTEURS
: Monèmes ou synthèmes dont le rôle consiste à en relier deux autres, soit dans un rapport de détermination, soit dans un rapport de coordination. L'usage prototypique de ces unités dans un énoncé implique l'existence de deux autres qu'ils relient. Sans restriction d'appartenance à une seule catégorie, on distinguera parmi les connecteurs, selon les cas, entre: a) connecteurs reliant un monème déterminant à un noyau non prédiqué (*le bureau de mon père*); b) connecteurs reliant un monème déterminant à un noyau central (*je vais à l'école, pater filium amat*); c) connecteurs subordonnants, reliant un monème déterminant, employé comme noyau (prédicatoïde d'une proposition subordonnée) à un noyau central (prédicat), (*je vois qu'il arrive*); d) connecteurs coordonnants (*un élève intelligent et très sportif*).

DÉTERMINATION PARENTHÉTIQUE
: Détermination qui a la valeur d'une parenthèse: *les garçons, grands et forts* (A. Martinet, *Syntaxe générale*, p. 113).

DÉTERMINATION SÉLECTIVE

Détermination qu'apporte une valeur sélective. Par exemple, dans *les grands garçons*, elle exclut de l'ensemble considéré ceux des garçons qui ne seraient pas grands (A. Martinet, *Syntaxe générale*, p. 113).

DÉTERMINATION SIMPLE

Dans le cas d'une détermination simple, il ne peut y avoir qu'un seul type de rapport fondamental, entre les deux unités reliées, l'une déterminant l'autre; on parlera donc d'un rapport *unirelationnel*. On stipule que les nuances sémantiques établies par une "détermination sélective" ou une "détermination parenthétique", ainsi que par une apposition, représentent toujours le même rapport fondamental d'une détermination simple et non d'une fonction.

ENSEMBLE

Regroupement de monèmes et de synthèmes qui résistent à une classification en application stricte des critères de compatibilité et d'exclusion mutuelle.

FLUCTUATION DE PHONÈMES

La possibilité pour le même locuteur, dans les mêmes circonstances, de faire alterner librement deux ou plus de deux phonèmes dans la même unité significative, et cela seulement pour certaines unités du lexique.

FONCTION

Unité linguistique, qui permet de spécifier le type de détermination entre deux unités significatives pouvant entretenir entre elles plus d'un seul type de rapport et dont l'une assume l'emploi de noyau central (prédicat) ou de prédicatoïde (noyau central de la proposition subordonnée).

FONCTION CIRCONSTANCIELLE

Fonction facultative ne dépendant pas directement du sémantisme du noyau central et faisant partie à ce titre de la zone périphérique. L'usager de la langue, en alternant le choix des monèmes connecteurs, peut répéter la fonction circonstancielle autant de fois qu'il le souhaite.

FONCTION SUJET

Fonction obligatoire qui relie un monème verbal avec son actualisateur plurifonctionnel.

FONCTIONS SPÉCIFIQUES

Fonctions dépendant des virtualités sémantiques du noyau central et faisant partie à ce titre de la zone centrale de la phrase. Elles ne peuvent s'exprimer qu'une seule fois.

GROUPE

Groupement de plusieurs classes syntaxiques proches entre elles. Par exemple le *groupe des nominaux* en français.

IMPOSITION DE COEXISTENCE

Quand l'usage d'une unité de la classe A implique à la fois, d'un point de vue de la syntaxe, la présence d'une unité de la classe B et/ou C et, d'un point de vue morphologique, l'inséparabilité formelle des éléments en question.

INFIXES

Voir *affixes*.

MODALITÉS

Des unités qui peuvent en déterminer d'autres sans qu'elles-mêmes puissent être déterminées; des monèmes, uniquement déterminants mais non déterminables, dont l'apparition dans un énoncé est subordonnée à la présence d'un autre monème qui leur servira de support.

MONÈME

Effet de sens correspondant à une différence formelle; unité significative minimale.

MONÈMES FONCTIONNELS

Terme proposé par Martinet pour les monèmes connecteurs.

MORPHOLOGIE

Étude de toutes les contraintes et libertés formelles. Sa délimitation implique que dans le cadre du signe linguistique, le signifiant et le signifié, quoique strictement liés, n'occupent pas le même plan. Le signifiant est là pour manifester le signifié.

NOYAU CENTRAL (PRÉDICAT)
: Noyau relationnel d'un énoncé autonome, monème, synthème ou parasynthème central, auquel restent attachées, directement ou indirectement, toutes les expansions obligatoires ou facultatives. Le noyau central est le noyau relationnel vers lequel aboutissent toutes les chaînes de détermination d'un énoncé, le noyau autour duquel tous les autres éléments se rattachent.

PARASYNTHÈMES
: Unités complexes qui répondent au premier critère identificatoire des synthèmes, à savoir l'impossibilité de déterminer individuellement les parties qui les composent. Leur statut correspond à celui d'une unité du lexique puisqu'elles ont des compatibilités qui leur sont propres. Il est nécessaire d'envisager des classes syntaxiques uniquement constituées par ce type d'unités.

PHRASE
: Rayon d'action d'un seul noyau central. L'ensemble des monèmes qui sont reliés par des rapports de détermination ou de coordination à un même prédicat ou à plusieurs prédicats coordonnés. L'ensemble constitué par un *noyau central (prédicat)* et les éléments dépendant de lui.

PERTINENCE
: Principe qui impose, au-delà de la détermination de l'objet de l'étude, l'adoption d'un point de vue pour l'étudier.

PRÉDICAT
: Voir *noyau central.*

PRÉFIXES
: Voir *affixes.*

RELATION SYNTAXIQUE
: Le terme est utilisé comme un hyperonyme qui couvre, dans le cadre de la subordination, aussi bien une *détermination simple*, qu'une détermination qui est une *fonction.*

RESTRICTION DE COEXISTENCE
: Cas de figure selon lequel une classe A ne peut pas être déterminée, en même temps, par les classes B et C également compatibles avec elle. La détermination par l'une exclut la détermination, au même moment, par l'autre.

SUBORDONNANTS
: Monèmes connecteurs, reliant un monème déterminant, employé comme noyau (prédicatoïde d'une proposition subordonnée) à un noyau central (prédicat), (*je vois qu'il arrive*).

SUFFIXES
: Voir *affixes.*

SYLLEMME
: Syntagme dont les déterminants sont exclusivement des modalités.

SYNTAGME
: Ensemble constitué par un noyau, ses déterminants et éventuellement le connecteur qui le lie aux autres éléments de l'énoncé.

SYNTAXE
: La syntaxe consiste principalement à examiner par quels moyens les rapports qui existent entre les éléments d'expérience, et qui ne sont pas des rapports de successivité, peuvent être marqués dans une succession d'unités linguistiques de manière que le récepteur du message puisse reconstruire cette expérience. Pour qu'il y ait syntaxe, il faut qu'il y ait marque de cristallisation syntaxique.

SYNTAXE CONNECTIVE
: La syntaxe connective se concrétise par la connexion sémantique de deux monèmes non verbaux constituant un énoncé complet; la connexion peut être directe ou indirecte et elle se réalise, dans ce dernier cas, par l'intermédiaire d'un monème non verbal ou d'un verbe. La syntaxe connective se développe essentiellement pour satisfaire les besoins communicationnels d'attribution d'une qualité à une entité donnée, de classification d'une entité dans un ensemble donné ou d'identification de cette entité par rapport à d'autres entités semblables et, dans ce cas, elle représente une structure d'équivalence ou de solidarité sémantique; mais dans certaines langues elle intervient également pour localiser, présenter ou prouver l'existence d'une entité.

SYNTAXE
NUCLÉAIRE

La syntaxe nucléaire est définie, dans les langues à opposition verbo-nominale, comme un type de construction où le verbe-noyau distribue les fonctions syntaxiques (sujet, objet, etc.) aux unités qui gravitent autour de lui comme des satellites.

SYNTHÈME

Toute unité du lexique constituée de deux ou plusieurs monèmes mais dont le comportement est identique à celui d'un monème unique. Deux conditions *sine qua non* ont été retenues comme identificatoires du synthème:

a) l'impossibilité de déterminer individuellement les monèmes constituant un synthème, ce qui revient à dire que toute détermination porte sur l'ensemble des éléments, et

b) l'obligation pour tout synthème de s'intégrer à une classe préétablie de monèmes, ce qui veut dire qu'un synthème présente les mêmes compatibilités qu'un monème unique appartenant à la même classe syntaxique.

TRANSFERT

Le concept de *transfert* désigne l'emploi d'une unité, appartenant ès qualités à une classe bien identifiée, avec les compatibilités d'une autre classe, ce qui est, par exemple, le cas des adjectifs utilisés à la place des noms.

TROPOLOGIE

L'étude des variations possibles et non obligatoires:

a) dans le choix des unités de deuxième articulation sans que l'identité des unités de première articulation soit affectée;

b) de la combinaison des unités de première articulation constituant un message ainsi que des marques de fonction sans que l'identité de ce dernier soit affectée.

VARIATIONS
CONDITIONNÉES

Variations liées à un facteur externe tel que l'âge, le sexe, le niveau social, le niveau des études, la région, l'appréciation subjective sur la langue, la situation particulière de la communication, etc.

VARIATIONS
OBLIGATOIRES ET
CONTEXTUELLES

Variantes du signifiant du même monème liées au contexte linguistique (facteurs internes), mais indépendantes d'un conditionnement phonologique et sans entraîner une différence de sens.

VERBE

La présence d'une classe verbale dans une langue donnée se manifeste si, et seulement si, les unités significatives minimales susceptibles d'appartenir à cette classe sont le support exclusif de déterminants grammaticaux spécifiques, désignés dès lors comme modalités verbales. En d'autres termes, le test de diagnostic pour constater que la cristallisation en classe verbale a bien eu lieu est la présence de modalités spécifiques qui seraient liées à une seule classe à vocation prédicative exclusive.

VERBE CONNECTIF

Verbes spécialisés dans l'établissement de la connexion et dont, de ce fait, la valence inclut la fonction attribut.

ZONE CENTRALE

Zone sous l'influence directe du noyau central y incluant celui-ci.

ZONE
PÉRIPHÉRIQUE

Zone généralement facultative où le locuteur a la possibilité d'apporter plus de spécifications à son message, lesquels ne sont pas directement impliquées par le sémantisme du noyau central.

TABLE DES MATIÈRES